Country
Basics

Alles, was man braucht, um die Natur genussvoll in die Küche zu holen

Cornelia Schinharl   Sebastian Dickhaut

Country Basics
Inhalt

Gutes vom Land direkt in den Mund

»Be country« ist das neue »be basic«: Wir besinnen uns auf Feines vom Feld, aus dem Wald und dem See und gehen damit das ganze Jahr über auf genießerische Entdeckungsreise.

Was haben ein knackiger Löwenzahnsalat mit Speck, ein Stapel Tomato Pancakes, ein Pastinakengröstl mit Pilzen und ein Glas voll mit fruchtigem Zwetschgenmus gemeinsam? Es sind alles echte Country Basics – regionale und saisonale Spezialitäten und Originalitäten, die beim Essen sofort ein großes Wohlgefühl auslösen und damit tiefe Geschmackserinnerungen hinterlassen. Und genau das ist der Trumpf einer unverfälschten lokalen Küche.

Die Landküche ist gerade in den letzten Jahren so richtig in Mode gekommen. Zum einen, weil mit ihr fast vergessene beste Zutaten und Zubereitungen wiederentdeckt und geschätzt werden; zum anderen, weil mit ihr ein frisches Gespür für die Regionen und die Lebensmittel der Saison entstanden ist, das zu ganz neuen Kombinationen am Herd führen kann. Die Essenz von beidem haben wir in den Rezepten in diesem Buch versammelt.

Dabei sind wir die Sache ländlich leger angegangen und dem Lauf der Jahreszeiten mit je einem Kapitel für Frühling, Sommer, Herbst und Winter gefolgt. In jedem finden sich Kleinigkeiten und Salate, Suppen und Ragouts, Süßes und Kuchen der Saison. Dazu gibt es zwischendrin noch ein paar handfeste Tipps, etwa wie man die fruchtigsten Erdbeeren erntet, was alles mit Tomaten gemacht werden kann oder warum auch im Winter gegrillt werden darf. Ansonsten haben wir uns mit der Theorie zurückgehalten – nach dem Motto »Net lang rede, lieber schaffe!« – und dafür zum Schluss lieber noch ein Kapitel »Die fünfte Jahreszeit« drangehängt, in dem Eingekochtes, Selbstgemachtes und Geräuchertes für den Vorrat zu finden sind.

Es tummeln sich also in diesem Basics extra viele Rezepte, die vor allem mit dem zubereitet sind, was es in der Heimat gibt – mit viel Grünem im Frühling, leuchtenden Aromen im Sommer, Nachhaltigem im Herbst und Wohlfühlfutter im Winter. Aber auch aus den berühmten Regionalküchen Frankreichs und Italiens sowie aus der Countryside Englands kommt einige Würze. An alles haben wir gedacht, auf dass man sich auch in der Stadt jederzeit so richtig »in the country« fühlen kann.

So gut schmeckt das Land

Liebe geht durch den Magen, und die zum Land ganz besonders. Denn sie ist richtig nah dran am guten Essen. Folgen wir ihr dahin.

Feierabend? Wochenende? Ferien gar? Dann nichts wie ab aufs Land mit uns, wo die Kornblumen blühen und die Kühe muhen, wo das Brot besonders gut schmeckt und in jedem Bauern ein echter Naturbursche steckt. Das ist natürlich völlig übertrieben, aber meine Güte, so ein bisschen träumen darf man wohl noch. Und es ist ja tatsächlich so, dass unsere Erinnerungen an wahre Geschmackserlebnisse ganz oft mit Gerichten verbunden sind, die wir in ländlicher Umgebung mit Genuss gegessen haben.

Die sehr aromatischen Stachelbeeren aus dem Garten der Vogelsberger Tante. Der feine Semmelduft beim Bäcker am Neusiedler See. Der frisch gefangene Karpfen vom Grill der Brandenburger Eltern-Freunde, der so gut geschmeckt hat wie keiner zuvor und danach. Und wie die Sonne an diesem Septemberabend durch die Bäume schien; wie die Tochter der Freunde, Gabi hieß sie, einfach ein paar Kräuter für den Fisch pflückte; wie das gute Stück dann samt Alufolie mitten auf den Campingtisch gelegt wurde, alle erst einmal applaudierten und man dann den zarten Fisch in aller Ruhe direkt von der Folie gegessen hat.

Solche Erinnerungen werden einem für immer bleiben; und weil sie so einmalig sind, werden wir nie wieder exakt die gleiche Situation erleben. Da kann man jetzt darüber trauern oder sich daran freuen. Man ahnt es wohl schon, dass wir hier klar für Letzteres sind. Denn diese Freude ist eine gute Basis dafür, Neues entdecken zu wollen, Lust auf neue Geschmackserlebnisse zu haben und weitere genussfrohe Erinnerungen zu sammeln, die einem selbst, den Freunden oder auch der Familie später wieder viel bedeuten werden. Und für so etwas ist es auf dem Land immer noch am schönsten.

Zum Beispiel Rüben

Wir leben doch in einer tollen Zeit, oder? Auch was das Essen betrifft. Ob im Supermarkt, im Bioladen oder beim Türken – überall können wir frisches Obst und Gemüse in reicher Auswahl kaufen. Avocados, Ingwer, Granatäpfel … Die Zeit, als im Lebensmittelgeschäft nur Kraut und Rüben lagen, und die Apfelsorten bloß »Grün« und »Rot« hießen, die ist noch gar nicht allzu lange her. Und wir wollen sie auch gar nicht mehr zurück haben. Wozu denn – das Allerbeste von ihr haben wir ja schon längst wieder.

Zum Beispiel die Rüben. Die gab es bei uns schon, als Amerika und Asien noch ganz weit weg waren mit ihren Tomaten- und Basilikumsorten. In jeder Region zog man ein anderes Wurzelgemüse aus der Erde und kostete es. Hätte es damals schon das Internet gegeben, wäre rasch eine hundertsortige Rüben-Community zusammengekommen. So waren aber irgendwann von den unzähligen Sorten nur noch die Mohrrübe und die Rote Bete übrig; vielleicht auch noch ein bisschen Sellerie für die Brühe.

Dann kamen die Ökos und die neue deutsche Küche, aus Good Old Europe der Landhausstil und aus den USA der Shabby Chic – und seit kurzem treffen sich plötzlich alle in der Mitte bei der neuen Lust am Landleben. Ein Leben, das heute mehr offen als verschroben ist, mehr realistisch statt nur romantisch. Auch dass »Land« nicht nur Landschaft ist, sondern vor allem Landwirtschaft, wissen

Vorbild Bilderbuchbauernhof

Und jetzt mal bitte vorstellen, dass das alles in einem schönen alten Bauernhaus im bayrischen Voralpenland passiert, das eine große Küche hat, einen langen Tisch und einen verwunschenen Schrebergarten vor der Tür sowie einen Hausherrn, der seine Fische noch selbst fängt. Ganz schön kitschig, was? Aber auch ein bezauberndes Vorbild dafür, wie es sein könnte; zumindest ein bisschen; wenigstens für ein paar Stunden.

Und weil es diesen Ort wirklich gibt, und weil dort unser Fotograf lebt und die Autoren ganz in der Nähe, erzählen wir die Geschichte in diesem Buch von dort aus. Nicht streng geordnet nach Kapiteln, sondern dem Jahreslauf entsprechend – und unter einem Apfelbaum, jeweils im »Kleid der Jahreszeit«. Mit dabei ist ein Ausflug aufs Erdbeerfeld, ein Picknick im Grünen und natürlich eine Kiste voller Saisongemüse. Dazu gibt es selbstverständlich zahlreiche Rezepte, mit denen wir uns die Landküche jeden Tag ins eigene Heim holen können – ob das nun ein alter Bauernhof am See ist oder eine Mietwohnung im städtischen Altbau. Was sonst noch dabei hilft, damit das Land leichter zu uns kommt – bitte umblättern.

wir inzwischen. Aber gerade diese Verbindung von Natur und Arbeit könnte es sein, die uns so fürs Landleben begeistert. Und die Küche ist der beste Ort, um das zu erfahren.

Vom Land in den Mund

Was ist es, dass das Kochen so entspannend macht? Zum einen, dass wir dabei Flora und Fauna so nah kommen können wie selten im Alltag. Zum anderen, dass wir dabei etwas von Anfang bis Ende selbst machen und bestimmen können. Ok, sehr wahrscheinlich haben wir die Pastinaken, die da jetzt vor uns auf dem Teller liegen, nicht selbst gezogen und geerntet. Aber wir haben sie selbst am Erzeugermarkt zwischen all den anderen neuen alten Wurzelgemüsen entdeckt, die es jetzt wieder gibt (mehr dazu auf Seite 65). Und wir haben den Bauern ausgefragt, was wir alles damit machen können.

Dann haben wir sie gewaschen, geschält, geschnitten und gebraten und anschließend noch etwas von der Salami dazugegeben, die wir am Nachbarstand erstanden haben. Zum Essen rufen mussten wir gar nicht mehr, weil das schon der gute Küchenduft erledigt hatte. Wie von selbst kamen alle aus ihren Ecken, sogar der Tisch war gedeckt, als die Pfanne mit dem Pastinakengröstl in die Mitte kam. Wann erlebt man das schon mal – alles selbst machen zu können, dabei ungefragt Hilfe zu bekommen und zu guter Letzt zusammen das Ergebnis zu genießen? (Das Erfolgsrezept dafür steht übrigens auf Seite 76).

So holen wir das Land zu uns

Nur das Beste zu kaufen, ist schon mal ein guter Plan. Folgen wir noch Region, Saison und unserem Geschmack, wird alles besser.

Morgens raus zum Erdbeerbeet und nichts als den Tau von den Früchten wischen, bevor sie dann ins Müsli kommen; mittags ein bisschen Borretsch im Kräutergarten zupfen, um den Gurkensalat aufzupeppen; abends hinterm Haus ordentlich Senf aus eigener Herstellung zu den Grillwürstchen vom Landmetzger meines Vertrauens auf den Teller geben. Klingt toll, bleibt aber wohl für 99 Prozent aller Genießer ein Traum. Doch ein gutes Stück von all dem können wir uns in unsere Küche holen, wenn wir beim Einkaufen ein bisschen »country« sind.

Die Vorstellung von ländlicher Idylle spukt wohl hauptsächlich in den Köpfen von Stadtbewohnern herum, gespeist von einer Sehnsucht nach stressfreier Ferienzeit, nach dem einfachen und ursprünglichen Leben. Was Leuten, die in solch einer Umgebung leben und arbeiten, eher fremd ist: »Eine Blumenwiese zum Reinknien? Mag sein, aber ich muss jetzt hier Heu machen. Also bitte.« Was jetzt aber nicht heißt, dass man da draußen das Land nicht liebt oder die Fantasien der Städter blöd findet. Die Idee von der Bio-Landwirtschaft zum Beispiel, deren Ursprung in den Studentenvierteln zu finden ist, wo zuerst der Wunsch da war, gute Lebensmittel zu bekommen – also gut für die Tier- und Pflanzenwelt und damit auch für sich selbst. Inzwischen ist daraus ein Wirtschaftszweig geworden, der vielen Bauern neuen Erfolg und Stolz gebracht hat. Aber ist damit auch alles gut?

Be country – schmecke und koche selbst

Herbstäpfel und Tiefkühlspinat, Kalbsschnitzel und Himbeersirup – alles, was wir essen und trinken, wird letztendlich aus Produkten vom Land hergestellt, mal abgesehen vom Meeresgetier und ein paar Großstadtbalkonkräutern. Dass das trotzdem nicht unbedingt alles gut und natürlich ist, wissen wir. Gleich neben dem hübschen Bio-Acker mit Kornblumen kann eine intensiv befahrene Landstraße entlangführen und Autoabgase das Getreide verpesten. Und bester frischer Kuhmilch kann eine Menge zugesetzt werden, bevor sie in dem Joghurtbecher landet. Deswegen wollen Country-Köche es gern genauer wissen: Sie lesen auf dem Etikett des Pestoglases, was alles drin steckt. Sie fragen nach, ob dieser Apfelsaft auch bio oder schon ayurvedisch ist? Und sie erforschen: Gibt es zu diesen Butterkeksen nicht einen Testbericht im Internet?

Toll, dass wir das alles können. Aber wir dürfen auch auf uns selbst vertrauen, auf unseren guten Geschmack und auf unsere eigenen Hände. Je purer das Lebensmittel ist, das wir kaufen, umso besser. Im reinen Joghurt darf nichts Fremdes stecken, und einmal kosten reicht, um zu wissen, ob der für mich was taugt oder nicht. Gleiches gilt für die Erdbeeren, aus denen ich dann ein Püree mache, um mir meinen eigenen Erdbeerjoghurt »zu bauen«. Im Zweifel ist auch ein selbst gemachtes Pesto aus konventionellen Zutaten geschmackvoller und nachhaltiger als ein fertiges Bio-Pesto. »Be country« heißt nun nicht nur, nach der Herkunft von Lebensmitteln zu fragen, sondern auch zu ihren Ursprüngen zu gehen.

Be country – nah dran an Saison und Region

»Ran an den Ursprung« bedeutet nicht, dass wir unsere Frühstückseier ab jetzt direkt vom Huhn holen müssen. Es reicht erst mal schon, wenn wir beim Einkaufen nah dran sind an der Saison und Region. Also im Sommer voll in die heimischen Freiland-Tomaten gehen, im Winter aber die Treibhausware von den Kanaren in Ruhe lassen und lieber etwas Feines mit Lauch kochen, den man zu dieser Zeit frisch vom Feld bekommen kann. Die Jahreszeiten-Kapitel in diesem Buch sowie auch der Country-Basics-Kalender (Seite 144) helfen dabei, das saisonal passende Obst oder Gemüse zu finden.

Und auch hier kann man viel selbst entdecken: Was auf dem Wochenmarkt momentan in Mengen und günstig zu haben ist, hat meistens gerade Saison, vor allem wenn die Ware aus der Nähe kommt. Die schmeckt dann oft auch am besten, weil sie ganz frisch und reif geerntet wurde und nicht halb grün und vor Tagen, nur um lange Transportwege zu überstehen. Und der ganze Treibstoff? Da streitet man sich noch drüber, ob nun der Tomatenlaster von Italien zur deutschen Supermarktzentrale mehr Dreck macht oder die vielen Erzeugerkleinbusse und Familienkombis, die aus dem Landkreis zum Wochenmarkt streben.

Be country – beim Jagen und Sammeln

Die gute Nachricht ist: Auch in den Supermärkten ist die »Liebe zum Land« inzwischen angekommen, und das nicht nur in der Marketingabteilung. Genaue Herkunftsbezeichnungen, Bio, Fair Trade – alles in den Regalen. Und die werden nicht mehr nur zentral bestückt, viele Marktleiter nehmen auch Produkte aus der Region mit ins Programm. Aber wer seinen Spinat wirklich von nächstliegenden Gemüsebauern haben will und wissen möchte, wie denn dieser Schinken nun genau gepökelt wurde, geht lieber zum Klein- oder Fachhändler des Vertrauens. Hier kann man nicht nur qualitativ hochwertige Produkte »jagen und sammeln«, sondern mehr übers Produkt lernen. Eine echte Empfehlung statt nur Sonderangebote bekommen und sich auch mal etwas Spezielles besorgen lassen.

Weitere hervorragende Jagd- und Sammelgebiete sind Wochenmärkte, vor allem wenn die Erzeuger am Stand stehen. Im besten Fall geben die einem nicht nur Honig, Brot und Käse, sondern zudem Tipps zum Aufbewahren und Zubereiten mit. Hegt man Zweifel an der Herkunft der Produkte, auch mal nachfragen, woher alles stammt – manche lassen nämlich zuliefern, selbst am Bio-Stand darf ein kleiner Prozentsatz an Waren konventionell sein. Das ist auch beim Ab-Hof-Verkauf beim Bauern möglich – wir sind schon einem Frische-Eier-Schild zu einer Bäuerin gefolgt, die kein einziges Huhn hatte. »Das kommt alles mit dem Lkw«, meinte sie. Aber meistens sind wir in einem Bauernladen schon sehr nah dran an Region und Saison.

Be country – in Speisekammer und Küche

Von Nachhaltigkeit war bisher noch nicht groß die Rede, unser »be country« ist erst mal eine gute Basis für ein Essen und Leben, das der Natur folgt, statt sie nur auszunutzen. Also das aufmerksame Einkaufen, das Nahdran-Sein, das Selbermachen. Dazu gehört aber auch der Respekt vor dem, was wir uns genommen haben. Denn ein Schwein lebt bei uns vor allem, weil wir Speck im Kühlschrank haben wollen. Und Landschaft wird zu Landwirtschaft, damit wir Brot im Haus haben. Deswegen sollten wir nur so viel einkaufen und es so gut aufbewahren, dass wir nichts davon wegwerfen müssen. Stattdessen machen wir uns daraus etwas Feines zu essen – nach Rezepten, die das Beste aus den Zutaten herausholen. Und die gibt's ab der nächsten Seite.

Rezepte

Frühling

Schmetterlinge im Strauch + Spargelspitzen im Bauch + Grie Soß + blaues Band + zartes, junges Gemüse + grüne Gelüste + Spinatwachteln + Blattsalat spachteln + Erdbeermund + kerngesund + Rhabarber, Rhabarber + Radieschen, Radieschen + Sonnenkitzel + Kalbsschnitzel + frische Heringe + Bitte die Eheringe + bunte Eier + Familienfeier + Vogelsingen + Osterschinken + alles neu macht der Mai + wir sind wie jedes Jahr dabei

Die **Top 10** im Frühling

1 Zarte Kräuter: Borretsch, Bärlauch, Dill, Kerbel, Kresse jeglicher Art, Petersilie, Sauerampfer, Schnittlauch.

2 Neue Kartoffeln: Am besten die aus heimischem Anbau, die nach 80–100 Tagen Reifezeit ab Mai bis in den August geerntet werden.

3 Frühlingszwiebeln: Diese jungen Dinger verdrängen erst mal Gevatter Lauch und zaubern Frische in Salate. Und dann erst der Name!

4 Radieschen: Sie machen den Frühling »scharf« und wärmen so beim ersten Biergartenbesuch. Die feinen, jungen Blätter schmecken prima in der Suppe.

5 Spinat: Ist jetzt wunderbar zart und kann roh in den Salat, später sollte man festere Blätter blanchieren und dünsten.

6 Rhabarber: Nur im Frühling schmeckt er richtig fein – später ist er wegen seines höheren Oxalsäuregehalts schlecht für die Gesundheit.

7 Matjeshering: Weil er jetzt jungfräulich und fett zugleich ist und somit auf der Zunge zergeht.

8 Junge Hühner: Gab es einst mit richtig zartem Fleisch nur im Frühjahr – auch heute sorgen sie dann noch für erste neue Leichtigkeit auf dem Teller.

9 Bunte Eier: DIE Frühlingssymbole im Oster-Outfit.

10 Und ein Schluck Milch: Gibt richtige Kraft im Frühjahr – denn die Milch von den ersten Kühen auf der Weide ist traditionell die beste.

Erdbeeren? Siehe Seite 14–17.

Obst-Gemüse-Kiste

Frühlingsfestkalender

Frühlingsanfang
- am 20. oder 21. März, ganz selten auch am 19.
- meteorologisch am 1. März
- guter Start ins frische Kochen und Genießen
- wir empfehlen: Schnitzel mit Erbsen (Seite 26)

Ostern
- am Sonntag nach dem ersten Frühjahrsvollmond
- 39 Tage später ist Christi Himmelfahrt (und Vatertag)
- 49 Tage später ist Pfingstsonntag
- ein Klassiker ist der Osterbrunch
- wir empfehlen: genau den (ab Seite 32)

Der 1. Mai
- immer am gleichen Datum und damit immer wieder an einem anderen Tag
- Feiertag der Arbeit und damit der unkirchlichste
- meist der erste Wandertag im Jahr; gut für alles, was man leicht mitnehmen und essen kann
- wir empfehlen: Reisflammeri (Seite 31)

Muttertag
- immer am zweiten Sonntag im Mai
- bei Kindern sehr beliebt
- trotzdem nicht versäumen
- ein fröhlich-leichtes Menü kommt gut
- wir empfehlen: Radieschensuppe (Seite 19)

Das erste Mal
- das erste Gänseblümchen, Amselgezwitscher, Marienkäferfliegen
- die erste Balkonsonne im Gesicht, der erste Frühlingskuss auf den Lippen
- es darf gegessen werden, worauf man Lust hat
- wir empfehlen: schnell weiterblättern

Unser Liebling der Saison:
Spargel

Das ist er: in Deutschland am liebsten weiß, in Frankreich mit violetten Spitzen, im Mittelmeerraum grün. Wilder Spargel ist eine reizvolle Rarität, grüner Asia-Spargel eine Mini-Spezialität. Und Hopfenspargel ist gar kein Spargel.

Dann ist er gut: Wenn die Köpfe fest und geschlossen, die Stangen prall, makellos und eher gerade sind, die Schnittstellen frisch und feucht – dann wurde er am selben Tag geerntet.

Das machen wir mit ihm: So frisch wie möglich kaufen, in einem feuchten Tuch ins Gemüsefach legen und am besten bald verarbeiten – die Enden abschneiden und die Stangen schälen, beim grünen Spargel reicht das untere Drittel.

Das mag er: klassisch in Salzwasser mit Butter und Zucker gekocht werden. Aber auch in der Folie gedämpft sowie mit Fond, Wein oder Sahne gedünstet werden. Vor allem der grüne Spargel liebt es, wenn man ihn in Pfanne oder Wok brät. Und roh hauch-dünn gehobelt ist er fein im Salat.

Das mag er dazu: geschmolzene Butter, Hollandaise, Rührei oder Omelette; Fleisch und Fisch, hell und zart, eher sanft gegart; klassisch neue Kartoffeln, aber auch Nudeln (mit Spargelsauce) oder Reis (als Spargelrisotto); fürs Aroma zarte Kräuter wie Basilikum, Dill, Estragon, Kerbel oder Schnittlauch.

Das mag er nicht: langes Warten, ob im Kühlschrank oder nach dem Garen.

The Shakespring

Ein Joghurtshake, der nach viel Frühlingsfrische schmeckt. Für 4 Gläser (je 200 ml) wird 1 Bund Radieschen gründlich gewaschen, dann von den Schwänzchen und dem Grün befreit (Grün nicht wegwerfen!). Radieschen etwas kleiner schneiden. Von der Hälfte des Grüns die Blättchen grob hacken. 6 Stängel Zitronenmelisse (Dill geht ebenfalls, wenn man ihn mag) abbrausen, die Blättchen abzupfen. Die vorbereiteten Zutaten mit 200 g fettem griechischem Naturjoghurt, 1/4 l Sprudelwasser und 1 TL Honig in einem Mixer pürieren – aber nicht allzu fein, damit man die Stückchen noch sieht. Jetzt noch einmal 1/4 l Sprudel dazugießen und den Shake kräftig mit Salz und Pfeffer abschmecken. In Gläser füllen und trinken.

Jetzt **Erdbeeren** pflücken

3 Tipps zur Ernte

Ernten: Morgens sind die Erdbeeren am aromatischsten, nach Regentagen wässrig. Immer an den Stielen pflücken, damit die Beeren nicht gedrückt werden, und das Grün dranlassen. Möglichst in luftige Körbchen oder Siebe packen, niemals in Tüten, und nur so viele, dass sie nicht quetschen.

Putzen: Ungewaschen schmecken die Früchte am besten – wenn sie vom Bio-Feld, Vertrauenshändler oder eigenen Garten kommen. Sonst samt Grün (ohne laugen sie aus) kurz im Sieb unter fließendem Wasser abbrausen. Dann das Grün keilförmig herausschneiden.

Aufheben: Die Beeren ungewaschen und ungeputzt nebeneinander auf einem mit Küchenpapier ausgelegten Teller ausbreiten, locker mit Folie abdecken und kalt stellen. 30 Minuten vorm Verarbeiten aus dem Kühlschrank nehmen, damit das Aroma kommen kann.

3 tolle Trios

Erdbeeren + Sahne + Orangenschale: z. B. geriebene Orangenschale mit Zucker mörsern, Erdbeeren damit marinieren, mit Schlagsahne servieren. Oder Sahne mit Orangenschale erhitzen und über gezuckerte Erdbeeren gießen.

Erdbeeren + Balsamico + Basilikum: z. B. Erdbeeren in dünne Scheiben schneiden und abwechselnd mit Basilikumblättchen auf Tellern auffächern, mit Balsamico beträufeln. Oder Konfitüre aus allen drei Zutaten kochen.

Erdbeeren + Zimtzucker + Frischkäse: z. B. Erdbeeren mit Zimtzucker marinieren, Frischkäse darüberkrümeln und mit Zimtzucker bestreuen, dann alles gratinieren. Gerne auch mal mit Ziegenfrischkäse probieren.

3 gute Sorten

Queen of Pop – Senga Sengana
Wer nicht weiß, welche Sorte er im Garten hat oder auf dem Feld erntet – im Zweifel ist es Signora Sengana, seit Jahrzehnten die populärste unter den Gartenerdbeeren. Rund, rot und robust macht sie vieles mit und schmeckt reif geerntet trotzdem schön süß und fruchtig.

Die edle Wilde – echte Walderdbeere
Sie ist die einzige echte Europäerin unter den Erdbeeren, die sonst alle ursprünglich aus Amerika stammen. Wächst wild im Wald und an den Waldrändern, die Zuchtform heißt »Monatserdbeere«. Schmeckt sehr aromatisch, kann beim Einkochen etwas bitter werden.

Die Diva – Mieze Schindler
Sie gilt als echte Delikatesse, die ähnlich wie Walderdbeeren schmeckt, nur noch süßer. Wie diese ist die an eine Himbeere erinnernde Frucht ein Sensibelchen, das leicht kränkelt und absolut keinen Druck verträgt. Herr Otto Schindler hat sie 1925 gezüchtet und nach seiner Frau Mieze benannt.

Hähnchensalat mit Spargel und Erdbeeren

Einen Sud aus 3/4 l Wasser, dem Grün von 4 Frühlingszwiebeln (das Weiße brauchen wir aber auch noch), 1 EL Himbeer- oder Obstessig und 1 TL Salz kochen. 4 Hähnchenbrustfilets (je etwa 150 g, ohne Haut) in den Sud legen und darin 5 Minuten bei geringer Hitze leise köcheln lassen. Dann Topf vom Herd ziehen und die Filets im Sud völlig auskühlen lassen. Derweil 250 g Erdbeeren waschen, putzen und vierteln. 250 g grünen Spargel waschen, von den Enden befreien und die Stangen im unteren Drittel wenn nötig schälen. Die Spargelspitzen abschneiden und längs halbieren, die Stangen möglichst schräg in dünne Scheiben schneiden. Das Weiße der Frühlingszwiebeln in feine Ringe schneiden. Erdbeeren, Spargel und Zwiebeln mit 1/2 TL Salz und 1 großen Prise Zucker vermischen. Je 4 EL Kochsud, Olivenöl und Himbeer- oder Obstessig verrühren. Die Hähnchenbrüste in 1 cm dicke Scheiben schneiden und mit der Erdbeermischung und dem Dressing vermengen. Mit Salz und Pfeffer würzen und etwa 30 Minuten bei Raumtemperatur ziehen lassen. Wer mag, kann noch 1 Handvoll Basilikumblättchen untermengen.

Erdbeerparfait

Erdbeereis schnell gemacht: 250 g Erdbeeren waschen, putzen, zerkleinern. Mit 1 TL frisch gepresstem Zitronensaft, 4 EL Orangenlikör oder -saft und 2 EL Puderzucker mischen und durchziehen lassen. 2 EL Puderzucker mit 2 EL Wasser aufkochen. 2 Eiweiß (M) mit 1 Prise Salz steif schlagen, warmen Zuckersirup langsam einlaufen lassen. Erdbeeren samt Marinade mit 250 g Mascarpone pürieren, Eischnee unterziehen. Alles in eine knapp 1 l fassende Form füllen, zugedeckt über Nacht gefrieren lassen. 15 Minuten vorm Servieren antauen lassen, stürzen und in Scheiben schneiden.

Beerenkaltschale mit süßem Pesto

Eine Suppe, die erfrischt: 500 g Erdbeeren waschen und putzen. Eine Hälfte vierteln, mit 1 TL Zucker mischen, beiseitestellen. Übrige Beeren mit 1/2 l Ananassaft und 1 EL Zucker aufkochen, vom Herd ziehen. 2 TL Speisestärke mit 2–3 EL kaltem Wasser verrühren, unter die heißen Erdbeeren mischen, aufkochen und alles pürieren. Mit den kalten Erdbeeren vermischen, 2 Stunden zugedeckt kühlen. Für das Pesto die Blättchen von 1 Bund Zitronenmelisse mit 1 TL Zucker, 4 EL Kokosraspeln und 3 EL Olivenöl pürieren. Kaltschale in tiefe Teller verteilen und mit dem Pesto beklecksen.

Bruschetta mit Erdbeeren

Eine süße Version des Klassikers – für danach statt davor. 250 g Erdbeeren waschen, putzen, in dünne Scheiben schneiden. In einer großen Pfanne 3 EL Butter aufschäumen lassen und 1 TL Zucker einstreuen. 4 große Scheiben Ciabatta oder Baguette in der Butter braten, bis sie goldbraun karamellisieren. Wenden, kurz durch die Pfanne »wischen« und auch die anderen Seiten karamellisieren. Nun raus damit, Erdbeerscheiben darauf verteilen, mit 1 TL Zucker bestreuen und mit der Gabel leicht draufdrücken. Gleich essen.

Löwenzahn-salat mit Speck

Sorgt für ganz viel Power

Zutaten für 4 Personen:
150 g zarte Löwenzahnblätter (am besten
  von Löwenzahn, der noch nicht blüht)
150 g durchwachsener Räucherspeck
2 Frühlingszwiebeln
4 Scheiben (Vollkorn-)Toastbrot
5 EL Oliven- oder Rapsöl
Salz
7 EL Weißwein- oder Apfelessig
Pfeffer
4 sehr frische Eier (M)

Zubereitungszeit: 35 Minuten
Kalorien pro Portion: 490 kcal

1_Löwenzahnblätter waschen und trocken schleudern. Vom Speck die Schwarte und alle Knorpel abschneiden, den Speck klein würfeln. Von den Frühlingszwiebeln die Wurzelbüschel und alle welken Teile abschneiden. Die Zwiebeln waschen und in feine Ringe schneiden. Die Brotscheiben entrinden und in 1–2 cm große Würfel schneiden. In einem weiten Topf etwa 1 l Wasser zum Kochen bringen.

2_Inzwischen in einer Pfanne 1 EL Öl erhitzen und die Brotwürfel dazugeben. Bei mittlerer Hitze unter Rühren schön knusprig braten und leicht salzen. Auf einen Teller geben und beiseitestellen.

3_Den Speck in der Pfanne 3–5 Minuten unter Rühren braten, bis er glasig und leicht braun ist. Die Zwiebelringe untermischen und kurz mitbraten. 3 EL Essig dazugießen und den Bratsatz damit ablöschen. Das restliche Öl unterschlagen, Sauce mit Salz und Pfeffer abschmecken. Vom Herd ziehen und warm halten.

4_Übrigen Essig zum kochenden Wasser geben, den Topf vom Herd ziehen. Eier nacheinander einzeln in eine Schöpfkelle aufschlagen und von der Kelle aus vorsichtig ins Wasser gleiten lassen. Das Eiweiß jeweils mit zwei Esslöffeln rund um das Eigelb in Form bringen. Eier in etwa 4 Minuten im Wasser gar ziehen lassen.

5_Den Löwenzahn, die Brotwürfel und das warme Speckdressing locker mischen und auf Teller verteilen. Die Eier mit dem Schaumlöffel aus dem Wasser heben, kurz abtropfen lassen und auf jeden Salat 1 Ei setzen. Leicht salzen und den Salat gleich servieren.

Gegrilltes Frühlings-gemüse

Dazu: marinierter Käse

Zutaten für 4 Personen:
Für den Käse:
1 Handvoll Kerbel
1 kleine Handvoll Bärlauch, Rucola
  und Sauerampfer
1/2 Bio-Zitrone
1 TL grüne Pfefferkörner (wer mag,
  frisch oder aus dem Glas)
4 EL geschmacksneutrales Öl
1 EL Kürbiskern- oder Haselnussöl
Salz
200 g Doppelrahm-Frischkäse (auch
  fein: Ricotta, Robiola oder Topfen)
Für das Gemüse:
500 g weißer Spargel
500 g kleine zarte Möhren
2 TL grobkörniges Salz | Pfeffer
4 EL geschmacksneutrales Öl
  (+ etwas mehr für den Rost)

Zubereitungszeit: 30 Minuten
+ 1 Stunde Marinieren
+ 15 Minuten Grillen
Kalorien pro Portion: 440 kcal

1_Für den Käse die Kräuter abbrausen und trocken schütteln. Alle groben Stiele abknipsen und die Kräuter fein hacken. Zitrone heiß waschen, Schale hauchdünn abschneiden und fein hacken, etwa 2 EL Saft auspressen. Wer mag, hackt auch die Pfefferkörner schön klein.

2_Zitronensaft und beide Ölsorten mit einer Gabel cremig rühren. Zitronenschale, Kräuter und eventuell Pfeffer unterrühren. Das Kräuteröl mit Salz abschmecken.

3_Vom Frischkäse mit zwei Teelöffeln Nocken abstechen und in eine Schale legen. Kräuteröl darüber verteilen, den Käse mindestens 1 Stunde ziehen lassen.

4_Dann Spargel und Möhren schälen, vom Spargel die holzigen Enden abschneiden. Das Salz zwischen den Fingern zerkrümeln und mit Pfeffer unter das Öl rühren. Das Gemüse gut untermischen.

5_Den Backofengrill (höchste Stufe) vorheizen, den Gitterrost einölen. Gemüse auf dem Rost ausbreiten und im Ofen (10–15 cm Abstand zur Grillschlange) in etwa 15 Minuten gar grillen, dabei ab und zu wenden. Das Gemüse mit dem Käse und Weißbrot schmecken lassen.

Radieschenblättersuppe mit Saibling

Im Fokus: knackige grüne Radieschenblätter

Zutaten für 4 Personen:
200 g Saiblingsfilet (ohne Haut)
1 EL frisch gepresster Zitronensaft
Salz | Pfeffer
2 große Bund Radieschen mit schönen knackigen Blättern
150 g Sahne
1 Bund Frühlingszwiebeln
1 EL Butter
3/4 l Gemüsebrühe
2 sehr frische Eigelb (M)

Zubereitungszeit: 35 Minuten
Kalorien pro Portion: 240 kcal

1_Mit den Fingern übers Fischfilet streifen. Falls Gräten zu spüren sind: Fischfleisch rund um die Gräte mit den Fingerspitzen fixieren und die Gräte mit einer Pinzette vorsichtig herausziehen. Fisch waschen, trocken tupfen und in sehr feine Streifen schneiden. Mit dem Zitronensaft, Salz und Pfeffer mischen.

2_Radieschen samt der Blätter abbrausen. Ein Viertel der Blätter und 4 Radieschen beiseitelegen. Übrige Radieschen putzen, mit den Blättern grob hacken und mit 50 g Sahne fein pürieren. Von den Frühlingszwiebeln Wurzelbüschel und alle welken Teile abschneiden. Die Zwiebeln waschen und in feine Ringe schneiden.

3_Butter schmelzen, darin Zwiebeln unter Rühren bei mittlerer Hitze glasig dünsten. Brühe angießen und zum Kochen bringen. Radieschenpüree untermischen und die Suppe offen etwa 10 Minuten bei mittlerer bis geringer Hitze köcheln lassen.

4_Beiseitegelegte Radieschenblätter in feine Streifen, die Radieschen in hauchdünne Scheiben schneiden. Eigelbe mit der übrigen Sahne gut verquirlen. Radieschenblätter unter die Suppe rühren und nur zusammenfallen lassen. 1 Schöpfer heiße Suppe unter die Eigelbsahne rühren. Den Topf vom Herd ziehen und die Eigelbsahne unter die Suppe schlagen. Mit Salz und Pfeffer abschmecken.

5_Die Saiblingsstreifen in vorgewärmte Suppenteller verteilen, die Suppe darüberlöffeln. Kurz ziehen lassen, mit Radieschenscheiben garnieren und gleich servieren.

Bärlauch-gnocchi mit Bärlauchpesto

Eine doppelte Portion
Wildkräuteraroma

Zutaten für 4 Personen:
Für die Gnocchi:
150 g zarter Bärlauch | Salz
400 g Ricotta oder Quark (Halbfettstufe)
75 g Hartweizengrieß | 3 Eier (M)
75 g frisch geriebener Parmesan
  oder Pecorino
Pfeffer
Für das Pesto:
4 EL Sonnenblumenkerne
100 g zarter Bärlauch
8 EL Olivenöl | Salz
Zum Servieren:
frisch geriebener Parmesan
  oder Pecorino

Zubereitungszeit: 50 Minuten
Kalorien pro Portion: 625 kcal

1_Für die Gnocchi den Bärlauch waschen
und trocken schleudern. In einen kleinen
Topf etwa 5 cm hoch Wasser füllen und
zum Kochen bringen, salzen. Bärlauch
dazugeben und zusammenfallen lassen.
In ein Sieb abgießen, kalt abschrecken
und abtropfen lassen, dann die Blätter
gut ausdrücken und sehr fein hacken.

2_Den Ricotta oder Quark mit dem Grieß
und den Eiern glatt verrühren und etwa
15 Minuten quellen lassen.

3_Inzwischen für das Pesto die Sonnenblumenkerne in einer Pfanne bei mittlerer
Hitze unter Rühren 2–3 Minuten rösten,
bis sie leicht braun sind. Abkühlen lassen.
Bärlauch waschen, trocken schleudern,
fein hacken und mit Sonnenblumenkernen
und Öl im Mixer, in der Küchenmaschine
oder mit dem Pürierstab fein zerkleinern.
Das Pesto mit Salz abschmecken.

4_Fein gehackten Bärlauch und den Käse unter die Ricottamasse rühren. Mit Salz und Pfeffer abschmecken.

5_In einem weiten Topf reichlich Wasser zum Kochen bringen und salzen. Von der Gnocchimasse mit zwei Teelöffeln kleine Nocken abstechen und ins Wasser gleiten lassen. Die Gnocchi darin bei geringer bis mittlerer Hitze (das Wasser soll nur ganz leise blubbern, keinesfalls stark kochen) in etwa 15 Minuten gar ziehen lassen.

6_Pesto mit etwas heißem Kochwasser cremig rühren. Gnocchi mit einem Schaumlöffel aus dem Wasser heben, ganz kurz abtropfen lassen und in vorgewärmte tiefe Teller verteilen. Etwas Pesto darüberlöffeln, restliches Pesto extra dazu reichen. Beim Essen ganz nach Belieben mit dem geriebenen Käse bestreuen.

VARIANTE: Kartoffelgnocchi

800 g vorwiegend festkochende Kartoffeln waschen, in ausreichend Wasser in etwa 25 Minuten weich kochen, abgießen, kurz ausdampfen lassen und pellen. Noch heiß durch die Kartoffelpresse drücken und abkühlen lassen. Dann Kartoffeln mit 250 g Spätzlemehl oder Mehl aus Hartweizengrieß (gibt es im italienischen Feinkostladen), 1 Ei (S), 50 g fein gehacktem Bärlauch und 2 TL Salz rasch zu einem glatten Teig verkneten. Auf der leicht bemehlten Arbeitsfläche zu fingerdicken Rollen formen und in 2 cm lange Stücke schneiden. Wer mag, kann mit der Gabel noch Rillen in die Teigstücke eindrücken. Die Gabel dazu immer wieder in Mehl tunken. Die Gnocchi auf einem bemehlten Küchentuch ausbreiten und etwa 1 Stunde trocknen lassen. In einem weiten Topf reichlich Wasser zum Kochen bringen und salzen. Die Gnocchi hineingeben und bei geringer bis mittlerer Hitze in etwa 5 Minuten gar ziehen lassen. Herausheben und wie oben beschrieben mit dem Bärlauchpesto und dem geriebenen Käse servieren.

Frühkartoffel-pfanne mit Zuckerschoten

Leicht, gemüsefrisch und schön cremig

Zutaten für 4 Personen:
800 g kleine neue Kartoffeln
250 g Zuckerschoten | Salz
1 großes Bund Frühlingszwiebeln
1 großes Bund Brunnenkresse
  (als Ersatz gehen auch die Blätter
  von 1 Bund Radieschen)
2 EL Butter | 1 EL geschmacksneutrales Öl
2 TL Kümmelsamen (wer mag)
Pfeffer
150 g saure Sahne oder Crème fraîche

Zubereitungszeit: 35 Minuten
Kalorien pro Portion: 245 kcal

1_Die Kartoffeln unter fließendem Wasser gut abbürsten. Mit ausreichend Wasser in einen Topf geben, aufkochen und etwa 10 Minuten vorkochen. Die Kartoffeln abgießen und nur kurz ausdampfen lassen, dann längs halbieren.

2_Zuckerschoten waschen und putzen. Wasser zum Kochen bringen, salzen. Darin die Zuckerschoten 1 Minute sprudelnd kochen lassen. In ein Sieb abgießen, kalt abschrecken und abtropfen lassen.

3_Von den Frühlingszwiebeln die Wurzelbüschel und alle welken Teile abschneiden. Die Zwiebeln waschen und in etwa 2 cm lange Stücke schneiden. Brunnenkresse waschen und trocken schütteln, die Blättchen abzupfen.

4_Die Butter und das Öl in einer großen Pfanne erhitzen. Wer mag, rührt jetzt den Kümmel ein. Die Frühlingszwiebeln und die Kartoffeln in der Buttermischung bei mittlerer Hitze um die 5 Minuten braten, dabei immer mal wieder durchrühren. Die Zuckerschoten dazugeben und alles 2–3 Minuten weiterbraten, bis die Kartoffeln weich, das Gemüse bissfest und alles goldbraun ist.

5_Die Kartoffeln und das Gemüse mit Salz und Pfeffer abschmecken, Brunnenkresse locker unterheben. Die Kartoffelpfanne auf Teller verteilen. Die saure Sahne oder Crème fraîche leicht salzen und pfeffern und jede Portion mit einem großen Klecks davon garnieren.

Dazu passt: Die Kartoffelpfanne schmeckt pur, mit Kopfsalat, mit Spiegelei oder mit Schweine- oder Kalbskoteletts.

TIPP

Sehr fein sind statt Zuckerschoten auch dicke Bohnen (Saubohnen). Leider gibt es die nur selten zu kaufen. Wer sie entdeckt, sollte sie unbedingt ausprobieren. Für die Pfanne etwa 1 kg Bohnenschoten kaufen und die Bohnenkerne auslösen (Ausbeute sind nur um die 250 g). Ältere Bohnen haben um den grünen Kern noch eine weißliche Haut. Diese anritzen und die Kerne aus der Haut drücken. Junge Bohnenkerne kann man ganz verwenden. Die dicken Bohnen in kochendem Salzwasser in etwa 4 Minuten bissfest garen, in ein Sieb abgießen, kalt abschrecken. Die Bohnen jetzt statt der Zuckerschoten mit in die Frühkartoffelpfanne rühren.

Kerbelpfann-kuchen mit Schmand

Zutaten für 4 Personen:
Für die Pfannkuchen:
300 g Mehl | 1 geh. TL Salz
600 ml Milch | 4 Eier (M)
1 große Handvoll Kerbel
2 Frühlingszwiebeln
2 EL Butterschmalz
Für die Füllung:
1 großes Bund Radieschen
Salz | 400 g Schmand
2 TL frisch gepresster Zitronensaft
2 TL geschmacksneutrales Öl

Zubereitungszeit: 50 Minuten
Kalorien pro Portion: 745 kcal

1_Für die Pfannkuchen Mehl und Salz mischen. Milch und Eier mit dem Schnee-besen nach und nach kräftig unterschlagen. Den Teig etwa 30 Minuten quellen lassen.

2_Inzwischen von dem Kerbel alle welken Blätter aussortieren und die dicken Stiele abknipsen. Kerbel abbrausen und trocken schütteln, fein hacken. Von den Frühlings-

zwiebeln Wurzelbüschel und alle welken Teile abschneiden. Die Zwiebeln waschen und ebenfalls fein hacken.

3_Für die Füllung Radieschen waschen, putzen und erst in dünne Scheiben, dann in feine Stifte schneiden, salzen. Schmand mit Zitronensaft und dem Öl verrühren. Die Radieschen untermischen und den Schmand mit Salz abschmecken.

4_Den Kerbel und die Zwiebeln unter den Teig rühren. Backofen auf 70 Grad (bitte Ober- und Unterhitze nehmen) schalten und eine ofenfeste Platte hineinstellen.

5_Nach und nach etwas Butterschmalz in einer Pfanne (am besten beschichtet) schmelzen lassen. 1 Schöpfkelle Teig in die Pfanne gießen und die Pfanne hin- und herschwenken, bis sich der Teig auf dem Pfannenboden gleichmäßig verteilt hat. Den Pfannkuchen bei mittlerer Hitze etwa 1 Minute backen, umdrehen und nochmals so lange backen. Fertige Pfann-kuchen im Ofen warm halten.

6_Wenn alle Pfannkuchen gebacken sind, mit dem Schmand auf den Tisch stellen. Jeder bestreicht sich seinen Pfannkuchen mit Schmand und klappt ihn zusammen.

Panierte Kohlrabi-schnitzel

Machen jedem Wiener Schnitzel Konkurrenz

Zutaten für 4 Personen:
2 Kohlrabi (je etwa 400 g)
Salz | 50 g Mehl
Pfeffer | 100 g Semmelbrösel
2 Eier (M) | 1/2 Bio-Zitrone
1 Kästchen Gartenkresse
250 g Naturjoghurt
1 TL Apfeldicksaft oder
  1/2 TL flüssiger Honig
4 EL Butterschmalz

Zubereitungszeit: 40 Minuten
Kalorien pro Portion: 340 kcal

1_Die Kohlrabi schälen und in gut 1 cm dicke Scheiben schneiden. Wasser zum Kochen bringen und salzen. Die Kohlrabi-scheiben darin etwa 3 Minuten zugedeckt bei starker Hitze kochen lassen. Abgießen, kalt abschrecken und abtropfen lassen.

2_Das Mehl in einem tiefen Teller mit 1 gestr. TL Salz und Pfeffer nach Ge-

schmack verrühren. Die Semmelbrösel in einen zweiten Teller geben, Eier in einem dritten Teller verquirlen.

3_Zitrone heiß waschen und abtrocknen, die Schale fein abreiben. Die Kresse mit der Küchenschere vom Beet schneiden. Beides mit Joghurt und dem Dicksaft oder Honig verrühren, salzen und pfeffern.

4_Das Butterschmalz in zwei Pfannen schmelzen lassen. Die Kohlrabischeiben auf beiden Seiten im Mehl wenden, dann durch die Eier ziehen und zum Schluss in den Bröseln wenden. Im Schmalz bei mittlerer Hitze pro Seite in etwa 4 Minuten knusprig braten. Mit Joghurt servieren.

Dazu passt: neue Kartoffeln samt Schale gegart oder Bratkartoffeln.

VARIANTE: Sellerieschnitzel
Für den Klassiker 1 Knolle Sellerie (etwa 800 g) schälen und in 1 cm dicke Scheiben schneiden. Diese in kochendem Salzwasser mit 1 EL frisch gepresstem Zitronensaft etwa 4 Minuten vorgaren, abgießen und abschrecken, abtropfen lassen und wie oben beschrieben panieren und braten. Mit dem Joghurt servieren.

Spargel-Flammkuchen
Zum Wein oder Bier der Frühlings-Hit

Zutaten für 4 Personen:
Für den Teig:
10 g frische Hefe | 250 g Mehl
1/4 TL Zucker | 1 TL Salz
Für den Belag:
250 g grüner Spargel
2 Frühlingszwiebeln
2 Knoblauchzehen
1 Stück Bio-Zitronenschale (etwa 3 cm)
200 g saure Sahne
Salz | Pfeffer
1 Handvoll Kerbel oder zarter Bärlauch
100 g roher Schinken (in dünnen
  Scheiben)

Zubereitungszeit: 30 Minuten
+ 2 Stunden Ruhen
+ 15 Minuten Backen
Kalorien pro Portion: 340 kcal

1_Für den Teig die Hefe zerkrümeln und mit 175 ml lauwarmem Wasser, 1 TL Mehl und dem Zucker verrühren. Die Mischung zugedeckt etwa 1 Stunde ruhen lassen. Dann das restliche Mehl und das Salz dazugeben und alles zu einem glatten geschmeidigen Teig verkneten. Den Teig zugedeckt 1 weitere Stunde gehen lassen.

2_Für den Belag den Spargel waschen, die holzigen Enden abschneiden. Den Spargel leicht schräg in dünne Scheiben schneiden. Die Frühlingszwiebeln putzen, waschen und in dünne Ringe schneiden. Knoblauch schälen und in feine Scheiben schneiden. Zitronenschale fein hacken.

3_Backofen auf 230 Grad vorheizen (auch schon jetzt einschalten: Umluft 210 Grad). Das Backblech mit Backpapier auslegen. Den Teig direkt auf dem Blech so dünn wie möglich ausrollen.

4_Spargel mit Zwiebelringen, Knoblauch, Zitronenschale und der sauren Sahne verrühren, mit Salz und Pfeffer würzen. Die Mischung auf dem Teig verstreichen. Den Flammkuchen etwa 15 Minuten im Ofen (Mitte) backen, bis er schön gebräunt ist.

5_Kerbel oder Bärlauch abbrausen und trocken schütteln, fein hacken. Schinken in dünne Streifen schneiden. Den Flammkuchen in Stücke schneiden, mit Kräutern und Schinkenstreifen belegen und gleich servieren.

Kräuterfische im Salzmantel

Bleiben wunderbar saftig

Zutaten für 4 Personen:
4 küchenfertige Forellen oder Saiblinge
  (je etwa 350 g)
1 große Handvoll gemischte Kräuter
  (z. B. Kerbel, zarter Bärlauch, ...)
1 Bio-Zitrone | Salz | Pfeffer
3 kg feines Meersalz
2 Eiweiß (M) | 100 g Butter

Zubereitungszeit: 15 Minuten
+ 20 Minuten Backen
Kalorien pro Portion: 380 kcal

1_Backofen auf 250 Grad vorheizen (auch
schon jetzt einschalten: Umluft 220 Grad).
Die Fische waschen und trocken tupfen.
Kräuter abbrausen und trocken schütteln.
Die Zitrone heiß waschen und abtrocknen,
eine Hälfte in dünne Scheiben schneiden.

2_Die Fische im Bauch leicht salzen und
pfeffern, Kräuter und Zitronenscheiben in
den Fischbäuchen verteilen. Das Meersalz
mit Eiweißen und 200 ml kaltem Wasser
in einer Schüssel mischen. Es soll eine
Konsistenz bekommen wie nasser Sand.

3_Ein Backblech mit Backpapier auslegen.
Darauf aus der Hälfte des Salzes für jeden
Fisch ein Bett formen, das so groß sein
soll wie der Fisch. Die Fische auf die Salz-
betten legen. Übriges Salz darüberhäufen
und so auf den Fischen verteilen, dass sie
nicht mehr zu sehen sind. Fische im Ofen
(Mitte) etwa 20 Minuten backen, herausnehmen und 5–10 Minuten stehen lassen.

4_Die übrige Zitronenhälfte so schälen,
dass auch die weiße Haut mit entfernt
wird. Fruchtfleisch aus den Trennhäuten
lösen und klein würfeln, dabei alle Kerne
entfernen. Die Butter in einem kleinen
Topf schmelzen, aufschäumen und leicht
braun werden lassen, die Zitronenwürfel
untermischen, leicht salzen.

5_Die Salzmäntel vorsichtig aufschlagen.
Damit dabei die Brösel der Kruste nicht
durch die Küche fliegen, am besten ein
Küchentuch darauflegen und dann mit
dem Griff eines großen Messers oder mit
einem kleinen Hammer die Mäntel aufschlagen. Das noch an den Fischen haf-
tende Salz mit einem Pinsel abstreifen.
Fische auf vorgewärmten Tellern servieren.

Dazu passt: die Zitronenbutter und Salz-
oder Pellkartoffeln.

Matjes mit Frühlingszwiebelrahm

Ganz fein mit den ersten Matjesheringen im Mai

Zutaten für 4 Personen:
1 kleine Salatgurke (etwa 150 g)
1 Bund zarte Frühlingszwiebeln
1 kleines Bund Dill oder
  1 Handvoll Kerbel
250 g saure Sahne
2 EL frisch gepresster Zitronensaft
  oder heller Essig (z. B. Apfel- oder
  Weißweinessig)
Salz | Pfeffer
1 Prise Zucker
600 g Matjesfilets (6 Doppelfilets)

Zubereitungszeit: 20 Minuten
Kalorien pro Portion: 500 kcal

1_Die Gurke waschen oder schälen, der
Länge nach halbieren und die Kerne aus
der Mitte mit einem kleinen Löffel herauskratzen. Gurke in kleine Würfel schneiden.
Von den Frühlingszwiebeln Wurzelbüschel
und alle welken Teile abschneiden. Die
Zwiebeln waschen und in möglichst feine

Ringe schneiden. Den Dill oder Kerbel abbrausen und trocken schütteln. Die Dillspitzen abzupfen und fein schneiden. Vom Kerbel die dicken Stiele abknipsen und die Blättchen fein schneiden.

2_Die saure Sahne mit dem Zitronensaft oder Essig, Salz, Pfeffer und dem Zucker gründlich verrühren. Gurke, Zwiebelringe und Dill oder Kerbel untermischen.

3_Matjesfilets nebeneinander in eine flache Schale legen und den Frühlingszwiebelrahm darüber verteilen. Gleich essen oder einige Zeit ziehen lassen.

Dazu passt: mit der Schale gegarte neue Kartoffeln oder dunkles Bauernbrot.

VARIANTE: Matjes mit Radieschenvinaigrette

1 Bund Radieschen waschen und putzen, die Radieschen und die zarten Blätter fein hacken. 2 EL Weißweinessig mit je 1 TL scharfem und süßem Senf glatt verrühren, salzen und 5 EL geschmacksneutrales Öl unterschlagen. Die Radieschenmischung dazugeben, die Vinaigrette mit Salz und Pfeffer abschmecken, auf den Matjesfilets verteilen. Etwa 30 Minuten ziehen lassen.

Schollen mit pfeffrigem Speckgemüse

Für alle, die es etwas schärfer mögen

Zutaten für 4 Personen:
4 küchenfertige Schollen (je 300–400 g)
Salz | Pfeffer
frisch gepresster Saft von 1/2 Zitrone
1 großer Kohlrabi
3 Möhren
2 Bund Schnittlauch
100 g durchwachsener Speck
  (in dünnen Scheiben)
1 TL Pfefferkörner (schwarz oder weiß,
  ganz nach Geschmack und Vorrat)
2 EL geschmacksneutrales Öl
Mehl zum Wenden
2 EL Butter

Zubereitungszeit: 45 Minuten
Kalorien pro Portion: 430 kcal

1_Schollen waschen und trocken tupfen, dann innen und außen mit Salz, Pfeffer und Zitronensaft einreiben.

2_Das Gemüse schälen. Den Kohlrabi halbieren und zuerst in dünne Scheiben, diese dann in feine Stifte schneiden. Die Möhren längs ebenfalls in dünne Scheiben und diese in feine Stifte schneiden. Den Schnittlauch abbrausen, trocken schütteln und in lange Röhrchen passend zu dem Gemüse schneiden. Speck quer in dünne Streifen schneiden. Die Pfefferkörner in einem Mörser nicht zu fein zerstoßen.

3_Backofen auf 100 Grad (bitte Ober- und Unterhitze nehmen) schalten, eine ofenfeste Platte hineinstellen. Speck und Öl in eine große Pfanne geben, den Speck langsam bei mittlerer Hitze ausbraten, herausnehmen. Schollen trocken tupfen, im Mehl wenden, nacheinander im Speckfett auf jeder Seite 4 Minuten braten. Die fertigen Schollen im Ofen warm halten.

4_Pfanne mit Küchenpapier auswischen. Die Butter mit den Pfefferkörnern hineingeben und schmelzen und aufschäumen lassen. Das Gemüse unterrühren und in 3–4 Minuten bissfest braten, Speck und Schnittlauch kurz mitbraten. Das Speckgemüse über den Schollen verteilen.

Dazu passt: Petersilienkartoffeln.

Pochiertes Huhn mit Eiersauce

Herrlich saftig und frisch

Zutaten für 4 Personen:
1 Bund Suppengrün
1 Zwiebel | 2 Wacholderbeeren
1 TL schwarze Pfefferkörner
2 Lorbeerblätter | Salz
1 Poularde (etwa 1,4 kg) | 2 Eier (M)
1 kleine Salatgurke (etwa 150 g)
100 g gemischte Frühlingskräuter
  (z. B. Löwenzahn, Bärlauch, Zitronenmelisse, Kerbel, Schnittlauch, Petersilie)
1/2 Bio-Zitrone
1 TL scharfer Senf (z. B. Dijon-Senf)
200 g Buttermilch | 2 Knoblauchzehen
Pfeffer

Zubereitungszeit: 1 1/2 Stunden
Kalorien pro Portion: 530 kcal

1_Suppengrün waschen und putzen oder schälen, grob schneiden. Zwiebel waschen und samt Schale halbieren. Alles mit 2 1/2 l Wasser, Gewürzen und den Lorbeerblättern in einem großen Topf zum Kochen bringen, salzen. Poularde waschen, in den Topf geben und bei geringer bis mittlerer Hitze und halb aufgelegtem Deckel in etwa 1 Stunde sanft gar ziehen lassen.

2_Inzwischen die Eier anpieksen und in kochendem Wasser in etwa 10 Minuten hart kochen, dann kalt abschrecken, ab-kühlen lassen. Die Gurke schälen, längs halbieren und die Kerne aus der Mitte mit einem Löffel herauskratzen. Gurke sehr klein würfeln. Kräuter abbrausen, trocken schütteln und ohne die groben Stiele fein schneiden. Die Zitrone heiß waschen und abtrocknen, die Schale fein abreiben, 1 TL Saft auspressen.

3_Eier schälen und halbieren. Eiweiße abtrennen und fein würfeln. Die Eigelbe mit einer Gabel fein zerdrücken und mit Senf und Buttermilch gut verrühren. Den Knoblauch schälen und dazupressen. Die Gurke, Kräuter, Eiweiße und die Zitronen-schale unterrühren. Sauce mit Zitronen-saft, Salz und Pfeffer abschmecken.

4_Die Poularde aus der Brühe heben, in Stücke schneiden (mit einem Küchentuch festhalten) und mit der Sauce servieren.

Dazu passt: Salzkartoffeln oder mit der Schale gegarte neue Kartoffeln.

Kalbsschnitzel mit Minzerbsen

Italienisch leicht

Zutaten für 4 Personen:
750 g Erbsenschoten (oder etwa 300 g
  gepalte Erbsen, in dem Fall können sie
  auch tiefgekühlt sein)
1 kleines Bund Minze
1/2 Bio-Zitrone
Salz
4 dünne Kalbsschnitzel (je etwa 150 g)
Pfeffer
2 EL Mehl
50 g Butter
2 EL Olivenöl
100 ml trockener Weißwein oder
  Gemüsebrühe

Zubereitungszeit: 30 Minuten
Kalorien pro Portion: 385 kcal

1_Erbsenschoten an den »Nahtstellen« mit den Fingern eindrücken und aufbre-chen, die Erbsen herauslösen. Die Minze abbrausen und trocken schütteln, die Blättchen fein hacken. Die Zitrone heiß waschen und abtrocknen, die Schale fein abreiben, 2–3 TL Saft auspressen.

2_Wasser zum Kochen bringen, salzen. Die Erbsen darin etwa 5 Minuten sprudelnd kochen lassen, bis sie bissfest sind (TK-Erbsen brauchen nur ca. 2 Minuten). In ein Sieb abgießen, kalt abschrecken und abtropfen lassen.

3_Backofen auf 100 Grad (bitte Ober- und Unterhitze nehmen) schalten, eine ofenfeste Platte hineinstellen. Die Kalbsschnitzel quer halbieren, mit dem Handballen noch flacher drücken. Die Schnitzel leicht salzen und pfeffern, im Mehl wenden und das überschüssige Mehl abschütteln.

4_In einer großen Pfanne 1 EL Butter mit dem Öl erhitzen. Die Schnitzel darin bei starker Hitze 1 Minute braten, umdrehen und noch einmal so lange braten. Im Ofen warm halten.

5_Den Bratsatz mit Wein oder Brühe ablöschen und unter Rühren mit dem Kochlöffel lösen. Die Erbsen mit der Minze und der Zitronenschale untermischen. Übrige Butter in Würfel schneiden, rasch unterrühren. Das Gemüse mit Salz, Pfeffer und Zitronensaft abschmecken und über den Schnitzeln verteilen. Gleich servieren.

Dazu passt: Bratkartoffeln oder Weißbrot.

Kalbspflanzerl mit Zwiebeln

Schmecken warm und kalt

Zutaten für 4 Personen:
4 Scheiben Toastbrot
1 Schalotte | 2 Knoblauchzehen
1/2 Bund Petersilie
1 Stück Bio-Zitronenschale (etwa 2 cm)
400 g Kalbshackfleisch (vom Metzger frisch durchdrehen lassen)
2 Eier (M)
2 TL scharfer Senf (z. B. Dijon-Senf)
Salz | Pfeffer
2 Bund Frühlingszwiebeln
2 EL Butter | 2 EL geschmacksneutrales Öl
1 TL Zucker
100 ml trockener Weißwein (ersatzweise Gemüsebrühe und 2 TL frisch gepresster Zitronensaft)

Zubereitungszeit: 35 Minuten
Kalorien pro Portion: 320 kcal

1_Das Toastbrot in lauwarmem Wasser einweichen. Die Schalotte und den Knoblauch schälen und sehr fein würfeln. Petersilie abbrausen und trocken schütteln, die Blättchen abzupfen und mit der Zitronenschale fein schneiden.

2_Brot ausdrücken und fein zerpflücken. Mit Hackfleisch, Schalotte und Knoblauch, Zitronenpetersilie, Eiern, Senf, Salz und Pfeffer in eine Schüssel geben und mit den Händen so lange kräftig durchkneten, bis der Fleischteig gut bindet. Aus dem Teig 8 Küchlein (gut 1 cm dick) formen.

3_Von den Frühlingszwiebeln die Wurzelbüschel und alle welken Teile abschneiden. Die Zwiebeln waschen. Dickere Zwiebeln längs halbieren, kleine ganz lassen.

4_Für die Pflanzerl in einer großen Pfanne jeweils 1 EL Butter und Öl erhitzen. Darin die Fleischküchlein bei mittlerer Hitze pro Seite etwa 5 Minuten braten.

5_Inzwischen den Zucker mit der übrigen Butter und dem restlichen Öl in einem Topf schmelzen lassen. Die Zwiebeln einlegen und gut durchrühren, bis sie leicht braun werden. Mit dem Wein ablöschen und die Zwiebeln zugedeckt bei geringer Hitze etwa 5 Minuten schmoren lassen. Die Zwiebeln mit Salz und Pfeffer würzen und mit den Pflanzerln essen.

Dazu passt: Weißbrot, Bauernbrot oder gebratene neue Kartoffeln.

Lammhaxen mit jungem Knoblauch

Dazu: feine Rhabarbersauce

Zutaten für 4 Personen:
2 Lammhaxen (je 450–500 g)
4 große junge Knoblauchzehen
1 Bio-Zitrone | 4 EL Olivenöl
Salz | Pfeffer
1/8 l trockener Weißwein oder
 Gemüsebrühe
400 g Rhabarber
je 1 TL Senf- und Korianderkörner
1–2 getrocknete Chilischoten (je nach
 Schärfewunsch)
1 EL Butter | 2 EL Zucker

Zubereitungszeit: 35 Minuten
+ 3 Stunden Braten
Kalorien pro Portion: 585 kcal

1_Die Lammhaxen mit einem feuchten Tuch abreiben, um die Knochensplitter zu entfernen. Den Knoblauch schälen und in etwa 1/2 cm dicke Scheiben schneiden. Mit einem spitzen Messer unter der Haut der Haxen kleine Einschnitte setzen und jeweils Knoblauch hineinschieben.

2_Zitrone heiß waschen und abtrocknen, die Schale fein abreiben und mit dem Öl mischen. Lammhaxen mit Salz und Pfeffer würzen, mit dem Zitronenöl einpinseln.

3_Backofen auf 120 Grad vorheizen (auch schon jetzt einschalten: Umluft 100 Grad). Einen Bräter auf dem Herd erhitzen, die Haxen darin bei mittlerer Hitze rundherum anbraten, Wein oder Brühe angießen. Die Haxen im Ofen (unten) etwa 3 Stunden braten, bis das Fleisch schön weich ist.

4_Inzwischen den Rhabarber waschen, die Enden abschneiden. Wenn sich dabei Fäden lösen, diese abziehen. Rhabarber in dünne Scheiben schneiden. Senf- und Korianderkörner mit Chili in einem Topf ohne Fett etwa 1 Minute anrösten, dann im Mörser fein zerstoßen.

5_Butter mit Zucker im Topf schmelzen lassen. Rhabarber und Gewürzmischung dazugeben, leicht anbraten. 75 ml Wasser angießen und den Rhabarber bei geringer Hitze offen etwa 5 Minuten köcheln lassen. Salzen und abkühlen lassen.

6_Das Lammfleisch in dünnen Scheiben von den Knochen schneiden und mit der Rhabarbersauce servieren.

Geschmortes Kaninchen mit Polenta

Landküche alla italiana

Zutaten für 4 Personen:
Für das Kaninchen:
1 Kaninchen (schon vom Händler in
 etwa 12 Stücke teilen lassen)
Salz | Pfeffer
4 Zweige Rosmarin | 8 Zweige Thymian
1/2 Bund Oregano | 4 Salbeiblättchen
2 Lorbeerblätter | 4 Knoblauchzehen
4 EL Olivenöl | 100 ml Gemüsebrühe
300 ml trockener Weißwein
 (ersatzweise Gemüsebrühe)
Für die Polenta:
1 l Gemüsebrühe
250 g feine Polenta (Maisgrieß)
200 g Doppelrahm- oder Ziegenfrischkäse
50 g Butter | Salz | Pfeffer

Zubereitungszeit: 30 Minuten
+ 1 Stunde Schmoren
Kalorien pro Portion: 880 kcal

1_Kaninchen mit einem feuchten Tuch abreiben, um die Knochensplitter zu entfernen. Die Stücke salzen und pfeffern.

2_Die Kräuter abbrausen und trocken schütteln, die Blättchen von den Zweigen zupfen und mit den Lorbeerblättern grob hacken. Den Knoblauch schälen und in dünne Scheiben schneiden.

3_Backofen auf 160 Grad vorheizen (erst später einschalten: Umluft 140 Grad). Das Öl in einem Schmortopf auf dem Herd erhitzen. Kaninchenstücke darin portionsweise bei starker Hitze rundherum gut anbraten und aus dem Topf nehmen.

4_Dann Kräuter und Knoblauch kurz im Bratfett schwenken. Mit Brühe und Wein ablöschen. Kaninchen wieder einlegen und zugedeckt im Ofen (Mitte) etwa 1 Stunde schmoren lassen, zwischendurch wenden.

5_Inzwischen für die Polenta die Brühe zum Kochen bringen. Die Polenta mit dem Schneebesen gründlich einrühren und bei geringer Hitze etwa 30 Minuten garen. Dabei ab und zu durchrühren.

6_Den Frischkäse in kleine Stücke teilen. Die Butter klein würfeln und gründlich unter die Polenta mischen, mit Salz und Pfeffer würzen. Den Frischkäse locker unterheben und die Polenta mit dem Kaninchen auftischen.

Medaillons vom Schwein mit grünem Risotto

Die Brennnesseln am abgelegenen Waldrand sammeln!

Zutaten für 4 Personen:
Für den Risotto:
2 Frühlingszwiebeln | 2 Knoblauchzehen
150 g Brennnesselspitzen
50 g Butter | 250 g Risottoreis
50 ml trockener Weißwein
   (ersatzweise Gemüsebrühe)
knapp 1 l heiße Gemüsebrühe
2 EL frisch geriebener Parmesan
Salz | Pfeffer
Für die Medaillons:
4 Schweinemedaillons (je etwa 3 cm dick)
Salz | Pfeffer | 1 EL mittelscharfer Senf
2 EL Butter | 1 EL geschmacksneutrales Öl
100 ml helles Bier oder Gemüsebrühe

Zubereitungszeit: 45 Minuten
Kalorien pro Portion: 505 kcal

1_Die Frühlingszwiebeln putzen, waschen und in feine Ringe schneiden. Etwa 1/2 EL grüne Zwiebelringe beiseitestellen. Den Knoblauch schälen und fein hacken. Die

Brennnesseln in kaltem Wasser gründlich durchschwenken (mit Einmalhandschuhen) und abtropfen lassen, dann fein hacken.

2_Die Hälfte der Butter schmelzen und Zwiebeln und Knoblauch darin andünsten. Reis gut unterrühren, den Wein angießen und verdampfen lassen. Dann die Hälfte der Brennnesseln mit 1 Schöpfer Brühe dazugeben und den Reis offen in knapp 20 Minuten bei geringer Hitze bissfest garen, dabei immer wieder etwas Brühe angießen und oft umrühren.

3_Inzwischen Medaillons salzen, pfeffern und mit Senf einstreichen. Butter und Öl in einer Pfanne erhitzen. Die Medaillons darin pro Seite 1 Minute bei starker Hitze anbraten, dann bei mittlerer bis geringer Hitze pro Seite weitere 4 Minuten braten.

4_Restliche Brennnesseln, übrige Butter in Flöckchen, beiseitegestelltes Zwiebelgrün und Käse unter den Risotto rühren. Mit Salz und Pfeffer abschmecken.

5_Die Medaillons auf vorgewärmte Teller verteilen. Bier oder Brühe in die Pfanne gießen und kräftig aufkochen. Die Sauce abschmecken und über den Medaillons verteilen. Mit dem Risotto servieren.

Rhabarberkuchen mit Baiser

Unten schön knusprig, angenehm säuerlich in der Mitte und wunderbar süß ganz oben!

Zutaten für 1 Tarteform (30 cm Ø, 12 Stück):

Für den Teig:
250 g Mehl | 75 g Zucker
125 g kalte Butter | 1 Ei (M)

Für den Belag:
700 g Rhabarber
80 g Zucker | 2 Pck. Vanillezucker
150 g Crème fraîche | 3 Eigelb (M)
50 g gemahlene Mandeln oder Haselnüsse

Für das Baiser:
3 Eiweiß (M) | 1 Prise Salz
100 g Zucker

Zubereitungszeit: 35 Minuten
+ 1 Stunde Kühlen
+ 45 Minuten Backen
Kalorien pro Stück: 345 kcal

1_Für den Teig das Mehl mit dem Zucker in einer Schüssel mischen. Die Butter in kleine Würfel schneiden und mit dem Ei zum Mehl geben. Alles mit den Händen zu einem glatten Mürbeteig verkneten.

2_Den Teig zu einer Kugel formen und zwischen zwei Schichten Klarsichtfolie oder Backpapier rund und ungefähr in Größe der Form ausrollen. Die obere Folien- oder Papierschicht abziehen, den Teig in die Springform stürzen, Folie oder Papier entfernen. Teig mit den Fingern gleichmäßig in die Form drücken, dabei einen 2–3 cm hohen Rand hochziehen. Den Teig in der Form etwa 1 Stunde in den Kühlschrank stellen.

3_Für den Belag Rhabarber waschen und die Enden abschneiden. Wenn sich dabei Fäden lösen, diese gleich mit abziehen. Die Rhabarberstangen in dünne Scheiben schneiden und mit der Hälfte des Zuckers und dem Vanillezucker mischen. Crème fraîche mit den Eigelben, dem restlichen Zucker und Mandeln oder Haselnüssen in eine Schüssel füllen und mit dem Schneebesen kräftig durchschlagen.

4_Backofen auf 180 Grad vorheizen (auch schon jetzt einschalten: Umluft 160 Grad). Rhabarber auf dem Teigboden verteilen, Crème-fraîche-Guss gleichmäßig darüberlaufen lassen. Den Kuchen im Ofen (Mitte) etwa 25 Minuten backen.

5_Nach etwa 15 Minuten fürs Baiser die Eiweiße mit dem Salz zu steifem Schnee schlagen. Dann nach und nach den Zucker einrieseln lassen und den Eischnee weiter schlagen, bis er schön glänzt.

6_Den Kuchen aus dem Ofen nehmen. Das Baiser mit einem großen Löffel auf dem Kuchen verteilen und verstreichen und dabei kleine Spitzen hochziehen. Oder in einen Spritzbeutel füllen und als Gitter auf den Kuchen spritzen. Den Kuchen wieder in den Ofen schieben und noch einmal etwa 20 Minuten backen, bis das Baiser schön gebräunt ist.

7_Den Kuchen aus dem Ofen nehmen und etwa 10 Minuten in der Form stehen lassen, dann herauslösen und auf einem Kuchengitter abkühlen lassen. Am besten noch am gleichen Tag essen!

Reisflammeri mit Rhabarber-kompott

Lässt sich super vorbereiten

Zutaten für 4–6 Personen:
Für die Flammeris:
1 l Milch
150 g Milchreis (Rundkornreis)
1 Prise Salz
80 g Zucker
1/2 Bio-Zitrone
2 sehr frische Eier (M)
Für das Kompott:
500 g Rhabarber
1 Vanilleschote
100 g Zucker

Zubereitungszeit: 50 Minuten
+ 1 Stunde Kühlen
Kalorien pro Portion (bei 6): 350 kcal

1_Für die Flammeris die Milch mit Reis, Salz und Zucker in einem Topf mischen und langsam unter Rühren zum Kochen bringen. Die Hitze auf die geringste Stufe schalten und den Reis in etwa 30 Minuten ausquellen lassen. Dabei ab und zu mal umrühren, damit der Reis nicht anbrennt.

2_Inzwischen fürs Kompott Rhabarber waschen und die Enden abschneiden. Wenn sich dabei Fäden lösen, diese gleich mit abziehen. Rhabarberstangen in knapp 1 cm dicke Scheiben schneiden. Die Vanilleschote der Länge nach aufschlitzen und das Mark mit dem Messerrücken von der Schote abkratzen.

3_Rhabarber, Vanillemark und den Zucker mit 1/8 l Wasser in einem Topf mischen und zum Kochen bringen. Alles offen bei mittlerer Hitze etwa 5 Minuten kochen lassen, dabei ab und zu umrühren. Dann das Kompott in eine Schüssel füllen und auskühlen lassen.

4_Den Milchreis in eine Schüssel füllen und kurz (5–10 Minuten) abkühlen lassen. Die Zitrone heiß waschen und abtrocknen, die Schale fein abreiben. Die Eier trennen, die Eiweiße zu steifem Schnee schlagen. Die Eigelbe mit der Zitronenschale unter den Reisbrei rühren, den Eischnee unterheben. Die Flammerimasse noch warm in 4–6 kalt ausgespülte Förmchen oder Tassen (je 200–250 ml) verteilen und glatt streichen. Die Reisflammeris mindestens 1 Stunde in den Kühlschrank stellen und fest werden lassen.

5_Dann die Förmchen oder Tassen kurz in heißes Wasser tauchen und die Flammeris auf Teller stürzen. Mit dem Rhabarberkompott servieren.

VARIANTE: Grießflammeri

1 l Milch mit 1 Prise Salz aufkochen und mit 60 g Zucker und 2 Pck. Vanillezucker süßen. 125 g Hartweizengrieß mit dem Schneebesen kräftig einrühren. Alles bei geringer Hitze in etwa 10 Minuten zugedeckt ausquellen lassen. Dann Deckel abnehmen, Grieß leicht abkühlen lassen. 2 EL Mandelstifte in 2 TL Butter bei mittlerer Hitze goldbraun rösten. 2 sehr frische Eier (M) trennen, die Eiweiße mit 1 Prise Salz und 1 EL Zucker zu steifem Schnee schlagen. Die Eigelbe und Mandelstifte unter den Grießbrei rühren, den Eischnee unterheben. Die Masse in die Förmchen oder Tassen verteilen und mindestens 1 Stunde in den Kühlschrank stellen. Dann wie beschrieben stürzen. Mit dem Rhabarberkompott oder einfach nur mit gewürfelten und gezuckerten Erdbeeren schmecken lassen.

Radieschen-Eier-Tatar

Supergut auf knusprigem, kräftigem Bauernbrot

Zutaten für 4 Personen:
4 Eier (M)
1 Bund Radieschen
1 Bund Schnittlauch
150 g saure Sahne
1 TL Honigsenf oder süßer
   (bayerischer) Senf
1 TL frisch gepresster Zitronensaft
Salz | Pfeffer
4 große oder 8 kleine Scheiben Brot
   (z. B. kräftiges Bauernbrot, Ciabatta
   oder Laugenzöpfe)

Zubereitungszeit: 20 Minuten
Kalorien pro Portion: 245 kcal

1_Die Eier anpieksen und in kochendem Wasser in etwa 8 Minuten nicht zu hart kochen. Dann die Eier kalt abschrecken und kurz abkühlen lassen, schälen und klein würfeln.

2_Inzwischen die Radieschen waschen und putzen. Ein paar zarte, knackige Radieschenblätter ebenfalls waschen und mit den Radieschen so fein wie möglich hacken. Schnittlauch abbrausen, trocken schütteln und in feine Röllchen schneiden.

3_Die saure Sahne mit dem Senf und dem Zitronensaft verrühren. Die Radieschen, die Eier und den Schnittlauch unterrühren und das Tatar mit Salz und Pfeffer würzen.

4_Brotscheiben nacheinander im Toaster goldbraun rösten und das Radieschen-Eier-Tatar darauf verteilen. Dann auf einer Platte, einem großen Teller oder einem Holzbrett anrichten und servieren.

TIPPs

Für eine sehr kräftige Variante zusätzlich 2 Sardellenfilets (in Öl) und 1 EL Kapern fein hacken und mit untermischen.
Zum Radieschen-Eier-Tatar passen nicht nur alle Osterbrunch-Gerichte auf dieser und den nächsten Seiten, sondern auch noch der Hähnchensalat mit Spargel und Erdbeeren (Seite 16) und Bruschetta mit Erdbeeren (Seite 17).

Frühlings-kräuter-Spinat-Salat

Schön festlich durch Garnelenspießchen

Zutaten für 4 Personen:
100 g zarter Blattspinat
100 g gemischte (Wild-)Frühlingskräuter
   (z. B. Rucola, Löwenzahn, Bärlauch und
   Brunnenkresse)
1 Bio-Zitrone
2 junge Knoblauchzehen
6 EL Olivenöl
Salz | Pfeffer
8 geschälte rohe Garnelen
1 TL Honig
4 lange Holz-, Bambus oder
   Metallspieße

Zubereitungszeit: 30 Minuten
Kalorien pro Portion: 180 kcal

1_Vom Spinat und den Kräutern dicke Stiele abknipsen und alle welken Blätter aussortieren. Den Spinat und die Kräuter gründlich waschen und sehr gut trocken schleudern. Größere Blätter eventuell kleiner zupfen.

2_Zitrone heiß waschen und abtrocknen, die Schale fein abreiben und 3 EL Saft auspressen. Knoblauch schälen und sehr fein hacken. Zitronenschale und Knoblauch mit 2 EL Zitronensaft und 3 EL Öl verrühren, salzen und pfeffern.

3_Garnelen waschen und trocken tupfen. Falls an den Rücken ein feiner schwarzer Strich zu sehen ist (der Darm), Garnelen an dieser Stelle vorsichtig der Länge nach einschneiden und den Darm herausziehen. In diesem Fall die Garnelen nochmals kurz waschen und trocken tupfen. Die Garnelen längs halbieren und jeweils 4 Hälften auf einen Spieß stecken. Die Spieße auf eine Platte legen und die Knoblauchmischung gleichmäßig darüber verteilen.

4_Restlichen Zitronensaft mit Honig, Salz und Pfeffer mit einer Gabel verrühren. Das übrige Öl nach und nach unterschlagen, bis eine cremige Sauce entstanden ist . Spinat und Kräuter locker mit der Sauce mischen und den Salat auf Teller verteilen.

5_Eine große Pfanne ohne Fett auf dem Herd erhitzen. Darin die Garnelenspieße auf jeder Seite bei starker Hitze 1 Minute braten. Dann je 1 Spieß auf jeden Teller legen und den Salat gleich servieren.

Champignon-Kräuter-Quiche

Warm und kalt der Hit

Zutaten für 1 Spring- oder Tarteform
  (28–30 cm Ø, 4 Personen):
Für den Teig:
250 g Mehl | 1 TL Salz
125 g kalte Butter
Für den Belag:
700 g Champignons
1/2 Bund Thymian
2 Knoblauchzehen
1 Stück Bio-Zitronenschale (etwa 2 cm)
1 EL Butter | Salz | Pfeffer
150 g Bergkäse | 3 Eier (M)
200 g saure Sahne oder Crème fraîche

Zubereitungszeit: 40 Minuten
+ 1 Stunde Kühlen
+ 40 Minuten Backen
Kalorien pro Portion: 760 kcal

1_Für den Teig Mehl und Salz mischen und auf die Arbeitsfläche häufen. Butter klein würfeln und dazugeben. Alles mit den Händen zu einem Teig verkneten. Teig zu einer Kugel formen und zwischen zwei Schichten Klarsichtfolie oder Backpapier rund etwa in Größe der Form ausrollen.

2_Die obere Folien- oder Papierschicht abziehen, den Teig in die Form stürzen, Folie oder Papier entfernen. Den Teig mit den Fingern gleichmäßig in die Form drücken, dabei einen 2–3 cm hohen Rand hochziehen. Teig 1 Stunde kalt stellen.

3_Die Pilze putzen und je nach Größe halbieren, vierteln oder achteln. Thymian abbrausen, trocken schütteln und die Blättchen abstreifen. Knoblauch schälen und mit der Zitronenschale fein hacken.

4_Die Butter in einer Pfanne schmelzen. Pilze darin bei starker Hitze unter Rühren 4–5 Minuten braten. Thymian und Knoblauchmischung unterrühren, salzen und pfeffern, vom Herd ziehen.

5_Backofen auf 200 Grad vorheizen (erst später einschalten: Umluft 180 Grad). Den Käse entrinden und reiben. Mit den Eiern und saurer Sahne oder Crème fraîche verrühren, mit Salz und Pfeffer abschmecken.

6_Zuerst die Pilze, dann die Eiercreme gleichmäßig auf dem Teigboden verteilen. Quiche im Ofen (Mitte) etwa 40 Minuten backen. Herausnehmen, 5–10 Minuten stehen lassen, dann aus der Form lösen und warm, lauwarm oder kalt genießen.

Kräuterlamm im Pizzateig

Saftig-aromatisches Lammfilet in Knusperhülle

Zutaten für 4 Personen:
Für den Teig:
250 g Mehl
1 TL Salz
1/2 Würfel Hefe (ca. 20 g)
3 EL Olivenöl
Für die Füllung:
4 Lammfilets (je etwa 100 g)
Salz | Pfeffer
4 EL Olivenöl
1 Bund gemischte Kräuter
  für grüne Sauce
4 getrocknete Tomaten (in Öl)
2 EL Pinienkerne oder gehäutete
  Mandeln
2 EL frisch geriebener
  Parmesan

Zubereitungszeit: 1 1/4 Stunden
+ 15 Minuten Backen
Kalorien pro Portion: 590 kcal

1_Für den Teig das Mehl und Salz in einer Schüssel mischen. Hefe zerkrümeln und in 1/8 l lauwarmem Wasser anrühren. Das

Hefewasser und 2 EL Öl zum Mehl geben, alles mit den Knethaken des Handrührgeräts zu einem glatten Teig verkneten. Mit einem Tuch abdecken und an einem warmen Ort etwa 45 Minuten gehen lassen, bis sich das Teigvolumen verdoppelt hat.

2_Inzwischen für die Füllung von den Lammfilets eventuell vorhandene größere Sehnen abschneiden. Die Filets trocken tupfen und mit Salz und Pfeffer einreiben. In einer Pfanne 2 EL Öl erhitzen und die Filets in zwei Portionen rundherum kräftig anbraten und herausnehmen.

3_Kräuter abbrausen, trocken schütteln und die Blättchen grob hacken. Tomaten abtropfen lassen, klein würfeln. Beides mit dem übrigen Öl und Pinienkernen oder Mandeln im Mixer nicht zu fein pürieren. Den Käse unterrühren und die Paste mit Salz und Pfeffer abschmecken.

4_Backofen auf 220 Grad vorheizen (auch schon jetzt einschalten: Umluft 200 Grad). Teig nochmals durchkneten und vierteln. Jede Portion auf der mit Mehl bestäubten Arbeitsfläche so groß ausrollen, dass man 1 Lammfilet darin einpacken kann. Filets mit der Kräuterpaste bestreichen, jeweils auf 1 Teigstück legen und darin einwickeln.

5_Die Päckchen mit den »Nahtstellen« nach unten auf ein Backblech legen und mit dem restlichen Öl bepinseln. Im Ofen (Mitte) etwa 15 Minuten backen, bis der Teig schön gebräunt ist. Herausnehmen, kurz stehen lassen, dann das Kräuterlamm in Scheiben schneiden und servieren.

VARIANTE: Schinken im Teigmantel

Für den Klassiker beim Metzger 1 kleinen mild gepökelten, geräucherten Schinken oder 1 Kasseler ohne Knochen (500 g) bestellen. Schinken oder Kasseler in einem Topf mit kaltem Wasser bedecken, langsam zum Kochen bringen und bei geringer Hitze etwa 20 Minuten ganz sanft köcheln lassen. Aus dem Wasser heben und abkühlen lassen. Den Teig wie beschrieben zubereiten. 2 EL körnigen Senf, 1 EL süßen Senf, 2 TL geriebenen Meerrettich (frisch oder aus dem Glas) und 1/2 TL fein abgeriebene Bio-Zitronenschale mischen und Schinken oder Kasseler damit einstreichen. Teig etwa 1 cm dick ausrollen, Schinken oder Kasseler darin einwickeln. Das Päckchen im 200 Grad heißen Backofen (Umluft 180 Grad) etwa 40 Minuten backen. Kurz stehen lassen, in Scheiben schneiden und mit Salat essen.

Hefezopf mit Zitronen-Honig-Butter

Darf beim Osterfrühstück nicht fehlen

Zutaten für 1 Hefezopf (6–8 Personen, etwa 20 Scheiben):
Für den Teig:
150 ml Milch
1 Würfel Hefe (42 g)
50 g Zucker
100 g Butter
500 g Mehl
1 Pck. Vanillezucker
1 kräftige Prise Salz
4 Eigelb (M)
Zum Bestreichen und Bestreuen:
2 EL Butter
2–3 EL Mandelblättchen
Für die Honig-Zitronen-Butter:
1 Bio-Zitrone
100 g weiche Butter
50 g Honig

Zubereitungszeit: 25 Minuten
+ 1 1/2 Stunden Ruhen
+ 40 Minuten Backen
Kalorien pro Scheibe: 215 kcal

1_Für den Teig Milch lauwarm erhitzen. Die Hefe zerkrümeln und mit 50 ml Milch und 1 TL Zucker verrühren, 15 Minuten gehen lassen. Die Butter inzwischen in der übrigen Milch schmelzen lassen.

2_Mehl mit übrigem Zucker, Vanillezucker und Salz in einer Schüssel mischen. Angerührte Hefe, Eigelbe und Milch mit Butter dazugeben und alles mit den Knethaken des Handrührgeräts zu einem glatten Teig verkneten. Den Hefeteig zugedeckt an einem warmen Ort in etwa 1 Stunde zur doppelten Größe aufgehen lassen.

3_Dann ein Backblech mit Backpapier auslegen. Den Teig nochmals durchkneten, dritteln und jeweils zu einem etwa 4 cm dicken Strang rollen. Teigstränge nebeneinander aufs Blech legen und an einem Ende leicht zusammendrücken. Von dort aus die Stränge zum Zopf flechten, also abwechselnd übereinanderlegen, dann auch die anderen Enden leicht zusammendrücken. Den Zopf zugedeckt nochmals etwa 15 Minuten gehen lassen.

4_Backofen auf 180 Grad vorheizen (erst später einschalten: Umluft 160 Grad). Zum Bestreichen die Butter schmelzen und den Zopf damit einpinseln, mit Mandeln be-streuen. Im Ofen (Mitte) etwa 40 Minuten backen, bis der Zopf schön gebräunt ist. Auf einem Kuchengitter auskühlen lassen.

5_Für die Butter die Zitrone heiß waschen und abtrocknen, die Schale fein abreiben. Die Butter mit der Zitronenschale und dem Honig gründlich vermischen und in ein Schälchen füllen. Zum Zopf servieren.

TIPP: Eier natürlich färben

Bunt gefärbte Eier gehören mit auf den Ostertisch. Vor allem in Bioläden gibt es inzwischen viele Pflanzenfarben zu kaufen. Aber man kann auch selbst tätig werden. Wichtigste Vorraussetzung: Eier mit weißer Schale, damit die zarten Töne natürlicher Farben voll zur Geltung kommen. Die Färbung wird intensiver, wenn man 1–2 EL Essig mit ins Kochwasser gibt. Und: nach dem Kochen und Abkühlen die Eier mit Öl einreiben, um ihnen Glanz zu verleihen.
Grün: 500 g gehackten Spinat in 1 1/2 l Wasser 10 Minuten kochen.
Rot: 1 1/2 l Rote-Bete-Saft aufkochen.
Gelb: 2 EL Kümmelsamen oder 1 EL gemahlene Kurkuma mit 1 1/2 l Wasser 10 Minuten kochen.
Dann die Eier im jeweiligen Sud in etwa 10 Minuten hart kochen.

Sommer

Barfuß durch den Morgentau + zu Mittag gibt es Himmelblau + Millionen kühle Wasserspritzer + ein kühler Sprizz mit Wassermelone + Bärenhunger + Beerengelüste + Büffelmozzarella mit Sommertomaten + Riesenblasen aus dem Kaufgummiautomaten + tief in die Abendsonne geschaut + Salz auf der Sardinenhaut + Lammkoteletts machen + Lampionlachen + ein Fass mit Brause aufgemacht + wir tanzen durch die Sommernacht

Die *Top 10* im Sommer

1 Würzige Kräuter, gerne mit südlichem Aroma: Basilikum, Bohnenkraut, Koriander, Majoran, Minze, Oregano, Petersilie, Rosmarin, Salbei, Thymian, Zitronenmelisse.

2 Auberginen: geschmort, frittiert, gegrillt, gratiniert, mariniert – immer Sommer pur.

3 Bohnen: Grün und lang, mal schlank, mal breit, aber auch die frischen Kerne, die es jetzt gibt (wie die frischen Erbsen, ihre süßen Verwandten).

4 Gurken: Neben der langen Alljahres-Salatgurke bekommt man jetzt auch kleine Gartengurken, mächtige Schmorgurken und Mini-Einlegegurken.

5 Melonen: mit den Vornamen Cantaloupe, Charentais, Honig, Ogen, Netz und Wasser.

6 Stein- und Kernobst: wie Aprikosen, Kirschen, Mirabellen, Pflaumen, Renekloden.

7 Beeren: mit den Vornamen Brom, Boysen, Johannis, Heidel, Him und Stachel.

8 Pfifferlinge: Mit ihnen startet die Pilzsaison. Tolles Aroma, das beim Braten mit Kräutern noch gesteigert wird.

9 Süßwasserfische: wie Saibling, Forelle, Renke oder Zander – meist kommen sie aus der Zucht. Perfekt: frisch gebraten am See- oder Flussufer.

10 Und Schorlen: Sprudel gemixt mit viel (!) gutem Saft oder Wein, wer mag kann sein Bier oder Radler auch Hopfenschorle nennen.

Tomaten? Siehe Seite 40–43.

Obst-Gemüse-Kiste

Sommerfest-kalender

Sommeranfang
- bei uns am 21. Juni, wenn die Sonne genau senkrecht über dem nördlichen Wendekreis steht und die Nacht am kürzesten ist
- meteorologisch schon am 1. Juni
- jetzt geht's los mit der Sonnenküche
- wir empfehlen: Spaghetti mit Salsa (Seite 43)

Sommersonnenwende
- feiert man bei Sommeranfang und Sonnwendfeuer am 21. Juni (erst 2020 auch am 20. Juni); ist es kein Wochenende, wird nachgefeiert
- in Skandinavien ist Mitsommer ein großes Fest voller Magie, Essen und Trinken – traditionell am 24. Juni bzw. Samstag zwischen dem 20. und 26. Juni
- Kartoffeln aus der Glut sind immer gut
- wir empfehlen: Mangoldpfanne (Seite 51)

My Straßenfest
- spontan und privat ganz ohne Dixieland und Dixi-Klo: Esstisch in die Einfahrt oder auf den Bürgersteig stellen, Stühle dazu, was Gutes aus der Küche holen und los geht's
- geht noch besser, wenn Nachbarn es nach- und mitmachen – und wenn wir immer mit der Ruhe feiern, wird's auch keiner mies machen
- hier passt alles, was für viele reicht und nicht gleich kalt wird, aber auch dann noch schmeckt
- wir empfehlen: Quark-Wurst-Pflanzerl (Seite 61)

Das erste Mal
- erste Kopfsprünge ins kühle Nass, gelbe Sonnenblumenfelder, Froschkonzerte
- der erste Tag im Straßencafé, die erste Nacht im Freien
- es darf getrunken werden, was nach Urlaub schmeckt
- wir empfehlen: schnell weiterblättern

Unser Liebling der Saison:
Pfirsich

Das ist er: Steinobst, unter dessen samtener Haut meist gelbes Fleisch versteckt ist. Weißfleischige Pfirsiche gelten als besonders ausgewogen im süß-sauer-saftigen Aroma. Es gibt aber auch rotfleischige Sorten wie den nicht so süßen, sehr geschmackvollen roten Weinbergpfirsich (wird gerne verwechselt mit dem kleinen, flachen Tellerpfirsich, einer Neuzüchtung). Auch die Nektarine ist ein Pfirsich, dem aber die Härchen weggezüchtet wurden.

Das machen wir mit ihm: Möglichst innerhalb der Saison (bei uns Juli und August) und aus der Region kaufen, um die empfindliche Frucht auch reif geerntet genießen zu können. Am besten außerhalb des Kühlschranks lagern, da der ihm viel Aroma nimmt. Und rasch essen.

Das mag er: einfach aus der Hand gegessen werden (wobei man sich vor seinem Saft schützen sollte – klebt, macht Flecken). Oder auch mal ohne Haut zubereitet werden: Frucht einritzen und erst in kochendes, dann in Eiswasser tauchen. Zum Portionieren am Kern entlang halbieren und die Hälften gegeneinanderdrehen.

Das mag er dazu: Früchte, die mit ihm Saison haben wie Beeren aller Art; Mandeln, Weine, Perlendes (bei Kullerpfirsich kullert eine mit der Gabel eingestochene Frucht im Sekt); in pikanter Kombination »süße« Kräuter wie Basilikum, Minze oder Zitronenmelisse, aber auch Scharfes wie Chili oder schwarzer Pfeffer.

Das mag er nicht: ein Zuviel an Kälte oder Hitze, langes Liegen und Garen, Stöße und Druck, Fruchtfliegen.

Wir trinken:
Limettonade

Eine Version der klassischen Limonade (für die man statt der Limette 1 große Bio-Zitrone nimmt und den Ingwer weglässt). Für 1 l wird 1 Bio-Limette (möglichst gelb, da sie dann reifer und geschmackvoller ist) heiß gewaschen und getrocknet, dann die Schale rundherum fein abreiben. 1 Stück Ingwer (etwa 2 cm) schälen und ebenfalls fein reiben. Die Limettenschale und den Ingwer mit 3 EL Zucker und 1/4 l Wasser in einen Topf geben, aufkochen und 5 Minuten kochen, dann auskühlen lassen. Den Ansatz durch ein Sieb in einen Krug gießen, Limettensaft dazupressen und alles mit 1 Flasche Mineralwasser (3/4 l) auffüllen. Sofort servieren – am besten auf Eis und mit Limettenscheiben.

Jetzt **Tomaten** ernten

3 tolle Trios

Tomaten + Melone + Mozzarella: z. B. halbierte Datteltomaten mit Netzmelonenstückchen und Mini-Mozzarellakugeln mischen, mit Zitronensaft und Olivenöl anmachen. Oder Tomatenketchup und Wassermelone fein mixen, schärfen und zu gebackenen Mozzarella-Sticks servieren.

Tomaten + Estragon + Senf: z. B. Tomatensuppe kochen, Schlagsahne mit Senf und gehacktem Estragon vermischt draufklecksen. Oder Tomaten-salat mit Estragon-Senf-Honig-Dressing anmachen.

Tomaten + Hähnchen + Oliven: z. B. Hähnchen-schenkel anbraten und mit Flaschentomaten und schwarzen Oliven schmoren. Oder einen Salat aus Hähnchenbrust, Kirschtomaten, grünen Oliven und Feta zubereiten.

Tomaten-Gurken-Salat mit mariniertem Mozzarella

1 Bund Basilikum abbrausen, trocken schütteln und die Blättchen von den Stängeln abzupfen. Das Basilikum mit 4 getrockneten Tomaten (in Öl) fein hacken. 1/2 Bio-Zitrone heiß waschen, abtrocknen und die Schale fein abreiben, den Saft auspressen. 2 TL Zitronensaft mit Zitronenschale, Basilikummischung und 2 EL Olivenöl verrühren, mit Salz und Chiliflocken abschmecken. 250 g Mozzarella würfeln, unter das Dressing mischen und 20–30 Minuten ziehen lassen. 400 g frische Tomaten und 1 Salatgurke waschen und klein würfeln. Mit 3 EL Olivenöl, 2 TL Zitronensaft und Salz mischen und abschmecken. Salat auf Teller verteilen, Mozzarella darauf oder daneben anrichten.

Tomato Pancakes

150 g Mehl mit 1/4 TL Backpulver mischen und mit 4 Eiern (M) mit den Quirlen des Handrührgeräts glatt verrühren. 150 g saure Sahne einrühren, mit etwas Salz und 1/2 TL Kaffeepulver würzen. Den Teig zur Seite stellen. 2 feste und nicht zu große Tomaten waschen und die Stielansätze keilförmig herausschneiden. Tomaten quer in 1 cm dicke Scheiben schneiden – die Endstücke würfeln. Nun in einer beschichteten Pfanne 1 TL Butter aufschäumen lassen und etwas Salz einstreuen. 4 Tomatenscheiben in Mehl wenden und in die Pfanne legen. Über jede Scheibe 1–2 EL Teig geben, sodass die Tomaten damit bedeckt sind. Etwa 1 Minute bei mittlerer Hitze braten, vorsichtig wenden und in 1 Minute fertig braten. Die fertigen Pancakes im 100 Grad heißen Ofen warm halten. Aus den übrigen Tomatenscheiben und dem restlichen Teig weitere Pancakes backen und warm halten. Dann die Pfanne auswischen, 3 EL Butter aufschäumen lassen und Tomatenwürfel darin mit 1 Prise Kaffeepulver, Salz und Zucker 1 Minuten dünsten. Mit den Pancakes servieren.

Streuseltomaten

1 kg Kirschtomaten waschen und, falls nötig, vom Grün befreien (wer mag, kann auch noch die Stielansätze herausschneiden). 1 großes Bund Basilikum abbrausen und trocken schütteln, die Blätter abzupfen. Basilikum, 8 EL Olivenöl, Salz und 1 ordentliche Prise grob gemahlenen Pfeffer in einer Auflaufform mischen. Die Tomaten dazugeben. Den Backofen auf 200 Grad (auch schon jetzt einschalten: Umluft 180 Grad) vorheizen. 150 g Butter schmelzen und in einer Schüssel mit 100 g Semmelbröseln und 50 g gemahlenen Mandeln mischen, dann noch 150 g frisch geriebenen Parmesan untermengen. Mit Salz und Pfeffer abschmecken. Aus der Mischung mit den Händen Streusel formen und über den Tomaten verteilen. Die Form in den Ofen (Mitte) schieben und die Streuseltomaten in 20 Minuten goldbraun backen. Gleich servieren.

Spaghetti mit Tomatensalsa

Schnell, scharf und simpel: 250 g Fleischtomaten waschen und halbieren, dabei die Stielansätze herausschneiden. Tomatenhälften mit den Schnittflächen auf der groben Raspel reiben, bis man fast nur noch die Tomatenhaut in den Händen hält und sich das Tomatenfleisch in einer Schüssel befindet. 1 Knoblauchzehe schälen und zum Tomatenfleisch pressen. 1/4 Bio-Zitrone heiß waschen, abtrocknen und die Schale fein dazureiben, den Saft dazupressen. 1 Bund glatte Petersilie abbrausen, trocken schütteln und die Blättchen fein hacken. 1 Chilischote waschen, entstielen und ebenfalls fein hacken. Petersilie, Chili und 4 EL Olivenöl zu den Tomaten geben, alles verrühren. Mit Salz und Zucker würzen. 500 g Spaghetti al dente kochen, in eine Schüssel mit Sieb darin abgießen (so wird die Schüssel erwärmt), Kochwasser bis auf einen Schluck aus der Schüssel abgießen. In der Schüssel Pasta und Tomatensalsa mischen. Servieren und auf dem Teller mit zerkrümeltem Feta bestreuen.

Blattsalat mit Knusperkernen

Kräuterwürzig und nussaromatisch

Zutaten für 4 Personen:
250 g Blattsalat (eine Sorte oder
   mehrere Sorten gemischt)
1 großes Bund gemischte Kräuter
   (z. B. Minze, Zitronenmelisse,
   Basilikum und Petersilie)
2 Frühlingszwiebeln
2 EL Weißweinessig
Salz
1 TL Honigsenf oder Dijon-Senf
5 EL Olivenöl
1/2 Bio-Zitrone
2 TL Butter
80 g Kürbis-, Sonnenblumen- und
   Pinienkerne (nach Belieben gemischt)
1/2 TL rosenscharfes Paprikapulver

Zubereitungszeit: 20 Minuten
Kalorien pro Portion: 265 kcal

1_Die Salatblätter auseinanderlösen, in stehendem kaltem Wasser gründlich durchschwenken und trocken schleudern. Große Blätter in kleinere Stücke zupfen. Kräuter abbrausen und trocken schütteln, die Blättchen von den Stängeln abknipsen und ganz lassen.

2_Von den Frühlingszwiebeln die Wurzelbüschel und alle welken Teile abschneiden. Die Zwiebeln waschen und in ganz feine Ringe schneiden. Für die Salatsauce Essig, Salz und Senf mit der Gabel in einer Salatschüssel verrühren. Das Öl nach und nach unterschlagen, bis eine cremige Sauce entstanden ist.

3_Zitrone heiß waschen und abtrocknen. Butter in einer kleinen Pfanne schmelzen lassen. Darin die Kerne bei mittlerer Hitze unter Rühren 1–2 Minuten braten, bis sie knusprig und leicht braun sind. Mit Salz und dem Paprikapulver würzen. Zitronenschale darüberreiben und untermischen.

4_Den Blattsalat und die Kräuter mit dem Dressing mischen und auf Teller verteilen. Die Knusperkerne aufstreuen.

Bohnensalat mit Ofenkäse

Sommerlicher Imbiss

Zutaten für 4 Personen:
500 g grüne Bohnen
1 Bund Bohnenkraut | Salz
1/2 Bio-Zitrone
2 Frühlingszwiebeln
1 Tomate | 4 Stängel Petersilie
1 TL Honigsenf | Pfeffer
5 EL Olivenöl
4 kleine runde Ziegenkäse (je etwa 50 g)
   oder 200 g Schafskäse (Feta)

Zubereitungszeit: 35 Minuten
Kalorien pro Portion: 300 kcal

1_Bohnen waschen und die Enden abschneiden. Wenn sich dabei Fäden lösen, einfach mit abziehen. Kleine Bohnen ganz lassen, größere halbieren oder dritteln. In einen Topf etwa 5 cm hoch Wasser füllen, Bohnenkraut abbrausen und dazugeben. Das Wasser zum Kochen bringen, salzen. Die Bohnen in das sprudelnde Wasser geben und bei halb aufgelegtem Deckel in 10–12 Minuten bissfest kochen. In ein Sieb abgießen und eiskalt abschrecken, Bohnenkraut entfernen.

2_Schon während die Bohnen kochen, Zitrone heiß waschen und abtrocknen, die Schale fein abreiben und etwa 2 EL Saft auspressen. Von den Frühlingszwiebeln die Wurzelbüschel und alle welken Teile abschneiden. Die Zwiebeln waschen und fein schneiden. Die Tomate waschen und klein würfeln, dabei den Stielansatz entfernen. Petersilie abbrausen und trocken schütteln, die Blättchen abzupfen und fein schneiden.

3_Backofengrill oder den Backofen auf höchster Stufe vorheizen. Für die Salatsauce Zitronensaft und -schale, Senf, Salz und Pfeffer mit der Gabel in einer Salatschüssel verrühren. 4 EL Olivenöl nach und nach unterschlagen, bis eine cremige Sauce entstanden ist. Die Bohnen mit den Zwiebeln, der Tomate, Petersilie und der Salatsauce mischen und abschmecken.

4_Ziegenkäse nebeneinander in eine ofenfeste flache Form setzen. Oder den Schafskäse in vier gleich große Stücke teilen und in die Form setzen. Den Käse mit dem restlichen Öl einpinseln und im Ofen (etwa 10 cm von den Grillschlangen entfernt bzw. oben) 4–5 Minuten grillen, bis er leicht gebräunt ist. Zu dem Bohnensalat servieren.

Möhrenrohkost mit Schafskäse

Fein zum Grillfest, aber auch zum Picknick

Zutaten für 4 Personen:
300 g Möhren
4 Stängel Minze
2 EL frisch gepresster Zitronensaft
Salz | Pfeffer
6 EL Olivenöl
2 EL Sonnenblumenkerne
150 g Schafskäse (Feta)

Zubereitungszeit: 15 Minuten
Kalorien pro Portion: 245 kcal

1_Die Möhren schälen und auf der Rohkostreibe grob raspeln. Minze abbrausen und trocken schütteln, die Blättchen von den Stängel zupfen und fein hacken.

2_Für die Salatsauce Zitronensaft, Salz und Pfeffer mit der Gabel in einer Salatschüssel verrühren. 5 EL Olivenöl nach und nach unterschlagen, bis eine cremige Sauce entstanden ist. Die Sauce mit den Möhren und der Minze mischen.

3_Restliches Öl in einer kleinen Pfanne erhitzen und die Sonnenblumenkerne darin bei mittlerer Hitze unter Rühren anrösten, leicht salzen. Schafskäse in kleine Stücke krümeln und ganz locker unter die Möhrenrohkost heben. Die Sonnenblumenkerne aufstreuen, servieren.

VARIANTE: Erfrischender Wassermelonen-Käse-Salat
Statt der Möhren 1 Stück Wassermelone (etwa 800 g) von der Schale befreien und das Fruchtfleisch in gut 1 cm große Würfel schneiden. Dabei mit der Messerspitze die Kerne aus dem Melonenfleisch pulen. 200 g Schafskäse nicht zu klein würfeln. 2 EL frisch gepressten Zitronensaft, Salz, Pfeffer und die fein gehackten Blättchen von 6 Stängeln Minze mit der Gabel verrühren, 4 EL Olivenöl unterschlagen. Die Salatsauce mit der Melone und dem Käse mischen, den Salat abschmecken.

Kalte Gurkensuppe

Herrlich erfrischend und perfekt mit einem krossen Ofenbrot dazu

Zutaten für 4 Personen:
2 Salatgurken (etwa 700 g)
2 Frühlingszwiebeln
2 Knoblauchzehen
1 Stück Bio-Zitronenschale (etwa 1 cm)
1/2 Bund Dill
250 g Naturjoghurt
250 g Dick- oder Buttermilch
100 ml Gemüsebrühe oder Wasser
Salz | Pfeffer
je 2 TL Koriander- und gelbe
  Senfkörner
4 TL Sonnenblumen- oder Kürbiskerne
1 kleine getrocknete Chilischote
4 EL geschmacksneutrales Öl
4 große dünne Scheiben Weißbrot

Zubereitungszeit: 25 Minuten
+ 1 Stunde Kühlen
Kalorien pro Portion: 300 kcal

1_Die Gurken schälen, der Länge nach halbieren und die Kerne aus der Mitte mit einem Teelöffel herausschaben. Die Gurke in grobe Würfel schneiden. Von den Frühlingszwiebeln die Wurzelbüschel und alle welken Teile abschneiden, die Zwiebeln waschen. Den Knoblauch schälen und mit den Frühlingszwiebeln und der Zitronenschale grob hacken. Den Dill abbrausen und trocken schütteln, die Spitzen von den Stängeln abzupfen.

2_Die Gurken mit der Zwiebelmischung, Dill, Joghurt, Dick- oder Buttermilch und Brühe oder Wasser mit einem Pürierstab oder im Mixer fein pürieren. Mit Salz und Pfeffer würzen und zugedeckt für mindestens 1 Stunde in den Kühlschrank stellen und richtig kalt werden lassen.

3_Dann die Koriander- und Senfkörner, die Sonnenblumen- oder Kürbiskerne und die Chilischote in einer kleinen Pfanne bei mittlerer Hitze etwa 1 Minute unter Rühren anrösten. In einen Mörser geben und so fein wie möglich zerdrücken. Mit dem Öl mischen, mit Salz würzen. Die Brotscheiben im Toaster knusprig rösten, quer halbieren und jeweils mit etwas Gewürzöl bestreichen.

4_Die Suppe noch einmal durchrühren, abschmecken und mit den warmen Broten schmecken lassen.

Sommersuppe mit Olivenpaste
Der italienischen Minestrone nachempfunden

Zutaten für 4 Personen:
800 g gemischtes Gemüse (z. B. Blumenkohl, grüne Bohnen, Mangold und gepalte frische Borlottibohnen oder Dicke Bohnen)
4 Knoblauchzehen
je 1 Zweig Bohnenkraut, Borretsch und Thymian
1 EL geschmacksneutrales Öl oder Butter
1 l Gemüsebrühe
100 g grüne Oliven (ohne Stein)
1 kleine Tomate (etwa 50 g)
50 g frisch geriebener Parmesan
4 Stängel Basilikum oder Petersilie
Salz | Pfeffer
1 Msp. Chilipulver oder -flocken

Zubereitungszeit: 35 Minuten
Kalorien pro Portion: 180 kcal

1_Das Gemüse waschen und putzen. Den Blumenkohl in einzelne Röschen teilen. Die grünen Bohnen in etwa 2 cm lange Stücke schneiden. Falls sich dabei Fäden lösen, gleich mit abziehen. Die Mangoldblätter von den Stielen schneiden und grob hacken, die Stiele in dünne Streifen schneiden. Die Bohnenkerne ganz lassen.

2_Den Knoblauch schälen und in ganz dünne Scheiben schneiden. Bohnenkraut, Borretsch und Thymian abbrausen und trocken schütteln. Die Blätter von den Zweigen zupfen und fein hacken. Öl oder Butter im Suppentopf erhitzen. Knoblauch und Kräuter darin andünsten. Mit Brühe aufgießen, zum Kochen bringen und das Gemüse einrühren. Die Suppe mit halb aufgelegtem Deckel bei geringer bis mittlerer Hitze 10–12 Minuten köcheln lassen, bis das Gemüse bissfest ist.

3_Inzwischen die Oliven grob hacken. Die Tomate waschen und in Würfel schneiden, dabei den Stielansatz entfernen. Oliven mit der Tomate fein pürieren, Käse untermischen. Basilikum oder Petersilie abbrausen und trocken schütteln, die Blättchen abzupfen, fein hacken und unter die Paste rühren, eventuell leicht salzen und pfeffern (aber wahrscheinlich sind Oliven und Käse schon würzig genug).

4_Die Suppe mit Salz, Pfeffer und Chili abschmecken und mit der Paste servieren. Jeder gibt dann von der Paste einen Löffel auf die Suppe im Teller. Und dazu gibt's außerdem knuspriges Baguette.

Salat aus der Folie

Überraschung vom Grill

Zutaten für 4 Personen:
1 großer grüner oder roter
  Kopfsalat
1/2 Bio-Zitrone
1 Bund Brunnenkresse oder
  2 Kästchen Gartenkresse
2 Frühlingszwiebeln
2 Knoblauchzehen
4 getrocknete Tomaten (in Öl)
2 TL Kapern
80 g Butter
Salz | Pfeffer
4 Bögen Alufolie (etwa 30 x 30 cm)

Zubereitungszeit: 20 Minuten
+ 20 Minuten Grillen
Kalorien pro Portion: 210 kcal

1_Vom Salatkopf alle welken Blätter entfernen und den Kopf durch den Strunk vierteln. Die Salatviertel abbrausen und gut trocken schütteln.

2_Zitrone heiß waschen und abtrocknen, die Schale fein abreiben. Die Brunnenkresse abbrausen und trocken schütteln, die Blättchen grob hacken. Oder Gartenkresse mit einer Schere von dem Beet schneiden. Von den Frühlingszwiebeln die Wurzelbüschel und alle welken Teile abschneiden. Zwiebeln waschen und in dünne Ringe schneiden. Den Knoblauch schälen und durch die Presse drücken. Die Tomaten und Kapern klein schneiden. Alle diese Zutaten gut mit der Butter verkneten, salzen und pfeffern.

3_Den Holzkohle- oder Backofengrill (auf höchster Stufe) anheizen. Die Alufolie auf der Arbeitsfläche ausbreiten. Die Hälfte der Würzbutter in kleinen Stücken darauf verteilen. Die Salatviertel salzen und je 1 Viertel auf jedes Folienstück legen. Mit der übrigen Butter in Flöckchen belegen.

4_Die Folie so verschließen, dass kleine Päckchen entstehen, und auf den Rost legen. Den Salat etwa 20 Minuten grillen (etwa 15 cm Abstand von der Glut oder auf der mittleren Backofenschiene), dabei einmal wenden. Salat kurz ziehen lassen, dann schmecken lassen.

Dazu passt: Brot oder Folienkartoffeln.

Gefüllte Paprika

Ob gegrillt oder gebacken – einfach immer perfekt

Zutaten für 4 Personen:
250 g Mangold | Salz
50 g grüne Oliven (ohne Stein)
2 eingelegte Peperoni (mild oder
  scharf – ganz nach Vorliebe)
1/2 Bund Petersilie
4 längliche hellgelbe oder rote
  Paprikaschoten (etwa 600 g)
200 g würziger Bergkäse
2 EL Olivenöl | Pfeffer
4 Bögen Alufolie (etwa 20 x 20 cm)

Zubereitungszeit: 30 Minuten
+ 20–30 Minuten Garen
Kalorien pro Portion: 245 kcal

1_Den Mangold waschen und putzen. Blätter abtrennen und fein hacken, Stiele klein würfeln. In einem Topf etwa 2 cm hoch Salzwasser zum Kochen bringen. Die Mangoldstiele darin etwa 1 Minute sprudelnd kochen lassen. Blätter dazugeben und alles noch weitere 2 Minuten kochen lassen. Ins Sieb abschütten, kalt abschrecken und abtropfen lassen.

2_Die Oliven grob hacken, die Peperoni in dünne Ringe schneiden. Die Petersilie abbrausen und trocken schütteln, die Blättchen abzupfen und fein hacken. Die Paprika waschen und jeweils einen flachen Deckel abschneiden. Aus dem Inneren der Schoten die Trennhäute mit den weißen Kernen herauszupfen.

3_Den Käse entrinden und grob reiben oder klein würfeln. Mangold mit Oliven, Peperoni, Petersilie und Käse mischen. Das Öl unterrühren und die Mischung mit Salz und Pfeffer abschmecken.

4_Die Paprikaschoten innen leicht salzen. Mangoldmischung in die Schoten füllen und jeweils den Deckel der Paprika wieder daraufsetzen. Jede Paprika in ein Stück Alufolie wickeln und auf den Rost legen.

5_Den Holzkohlegrill anheizen. Oder den Backofen auf 220 Grad vorheizen (auch schon jetzt einschalten: Umluft 200 Grad). Die Paprika auf dem Grill (etwa 15 cm Abstand von der Glut) etwa 20 Minuten grillen, dabei mindestens einmal wenden. Oder die Paprika im Backofen (Mitte) etwa 30 Minuten backen.

Dazu passt: Baguette oder Ciabatta.

Gegrillte Chili-Honig-Pfirsiche

Leicht karamellig, schön saftig und fruchtig-frisch

Zutaten für 4 Personen:
4 Pfirsiche
1 rote Chilischote
1 Zweig Rosmarin
3 EL frisch gepresster Zitronensaft
1 1/2 EL flüssiger Honig
Salz
1 großes Bund Rucola
1 TL Honigsenf
Pfeffer
4 EL Olivenöl
Alugrillschale

Zubereitungszeit: 15 Minuten
+ 15 Minuten Grillen
Kalorien pro Portion: 170 kcal

1_Die Pfirsiche waschen, halbieren und entsteinen. Die Chilischote waschen und den Stiel abschneiden. Die Schote mit den Kernen fein hacken. Rosmarin abbrausen und trocken schütteln, die Blättchen abzupfen und fein hacken.

2_Die Chili und den Rosmarin mit 1 EL Zitronensaft und dem Honig verrühren, leicht salzen und gut mit den Pfirsichhälften mischen.

3_Den Holzkohle- oder Backofengrill (auf höchster Stufe) anheizen. Pfirsiche in die Alugrillschale legen und etwa 15 Minuten grillen (etwa 15 cm Abstand von der Glut oder auf der mittleren Backofenschiene), dabei mindestens einmal wenden.

4_Inzwischen den Rucola abbrausen und trocken schütteln, sehr dicke Stängel abzwicken. Den restlichen Zitronensaft mit Senf, Salz und Pfeffer mit einer Gabel verrühren. Dann nach und nach das Olivenöl unterschlagen, bis eine cremige Sauce entstanden ist. Den Salat damit mischen und auf Teller verteilen. Die Chili-Honig-Pfirsiche darauf anrichten.

Dazu passt: knuspriges Brot und ein paar Scheiben roh geräucherter Schinken oder auch kleine Ziegen(frisch)käse.

Fischsuppe mit Paprika

Ganz was Feines mit heimischen Fischen

Zutaten für 4 Personen:
600 g Saiblings-, Forellen-, Renken-
   oder Zanderfilets (ohne Haut)
1 EL frisch gepresster Zitronensaft
1 dünne Stange Lauch
1 große rote Paprikaschote
2 Zucchini
1/2 Bund Basilikum
5 EL Olivenöl
1/8 l trockener Weißwein oder Wasser
800 ml Fischfond (aus dem Glas)
2 Knoblauchzehen
1/2 TL Chilipulver oder -flocken
   (wer mag)
Salz
4 Scheiben Bauernbrot
Pfeffer

Zubereitungszeit: 30 Minuten
Kalorien pro Portion: 440 kcal

1_Mit den Fingern über die Fischfilets streifen. Falls Gräten zu spüren sind: Mit einer Pinzette fassen und langsam aus dem Fischfleisch ziehen. Fisch waschen, trocken tupfen, in etwa 1 cm große Stücke schneiden und mit Zitronensaft mischen.

2_Von dem Lauch das Wurzelbüschel und den welken grünen Teil abschneiden. Den Lauch der Länge nach aufschneiden und gründlich waschen, dann in feine Streifen schneiden. Die Paprikaschote vierteln, putzen, waschen und ebenfalls in Streifen schneiden. Die Zucchini waschen, längs in 1 cm dicke Scheiben, dann quer in ebenso breite Streifen schneiden. Basilikum abbrausen und trocken schütteln, die Blättchen abzupfen und in Streifen schneiden.

3_Backofen auf 250 Grad vorheizen (auch schon jetzt einschalten: Umluft 230 Grad). In einem Suppentopf 2 EL Öl erhitzen. Das Gemüse darin andünsten. Den Wein oder das Wasser angießen, den Fischfond dazugeben und alles zum Kochen bringen. Die Suppe offen etwa 5 Minuten bei starker Hitze kochen lassen.

4_Inzwischen Knoblauch schälen und durch die Presse drücken. Mit übrigem Öl und dem Chili verrühren, salzen. Knoblauchöl auf den Brotscheiben verteilen. Scheiben auf dem Rost im Ofen (Mitte) in 4–5 Minuten knusprig werden lassen.

5_Die Fischstücke in die Suppe legen und darin bei geringer Hitze in 2–3 Minuten sanft gar ziehen lassen. Das Basilikum untermischen, die Suppe salzen, pfeffern und mit den Knoblauchbroten servieren.

Mangoldpfanne mit Fischbällchen

Würziges Sommergemüse mit Knusperbällchen

Zutaten für 4 Personen:
Für die Fischbällchen:
500 g Fischfilets (ohne Haut,
  z. B. Zander oder Lachsforelle)
1 Bio-Zitrone | 2 Knoblauchzehen
4 Zweige Thymian | 4 Salbeiblättchen
1 Ei (M) | 1 Eigelb (M)
50 g Semmelbrösel
Salz | Pfeffer
750 g Pflanzenfett (zum Frittieren)
Für das Gemüse:
500 g Blattmangold (auch sehr fein:
  Blattspinat)
Salz | 1 Bund Frühlingszwiebeln
2 Knoblauchzehen
1 Fleischtomate | 2 EL Olivenöl
100 ml trockener Weißwein oder
  Gemüsebrühe
1 EL frisch gepresster Zitronensaft
  (von der Zitrone für die Fischbällchen)
Pfeffer

Zubereitungszeit: 40 Minuten
Kalorien pro Portion: 380 kcal

1_Für die Bällchen Fischfilets entgräten (siehe Rezept links), würfeln und mit einem großen schweren Messer sehr fein hacken. Die Zitrone heiß waschen und abtrocknen, die Schale fein abreiben. Den Knoblauch schälen und durchpressen. Die Kräuter abbrausen und trocken schütteln, die Blättchen fein schneiden.

2_Den Fisch mit Zitronenschale, Knoblauch, Kräutern, Ei, Eigelb, Semmelbröseln, Salz und Pfeffer kräftig durchkneten, bis alles gut bindet. Die Masse zu tischtennisballgroßen Bällchen formen.

3_Für das Gemüse den Mangold waschen und grob hacken. Salzwasser zum Kochen bringen und den Mangold darin 1 Minute sprudelnd kochen lassen. In ein Sieb abgießen, eiskalt abschrecken, abtropfen lassen. Von den Frühlingszwiebeln die Wurzelbüschel und alle welken Teile abschneiden. Die Zwiebeln waschen und in dünne Ringe schneiden. Den Knoblauch schälen und fein hacken. Die Tomate waschen und klein würfeln, dabei den Stielansatz entfernen.

4_Das Olivenöl in einem weiten Topf erhitzen. Zwiebeln und Knoblauch darin andünsten, Mangold kurz mitdünsten. Mit Wein oder Brühe aufgießen und zugedeckt bei mittlerer Hitze etwa 3 Minuten garen. Die Tomate unter das Gemüse mischen und alles mit Zitronensaft, Salz und Pfeffer abschmecken. Warm halten. Zwischendurch das Fett in einem weiten Topf heiß werden lassen.

5_Fischbällchen portionsweise jeweils etwa 4 Minuten im heißen Fett frittieren, mit dem Schaumlöffel herausheben, auf Küchenpapier gut abfetten lassen. Wenn alle Bällchen frittiert sind, zusammen mit dem Gemüse auf den Tisch stellen.

Schmortopf mit Zwiebeln

Durch kräftige Kräuter und aromatische Tomaten wunderbar sommerlich

Zutaten für 4 Personen:
800 g Lammschulter oder Rinderwade
400 g rote Zwiebeln
4 große Knoblauchzehen
je 2 Zweige Rosmarin und Salbei
je 4 Zweige Thymian und Oregano
2 EL Olivenöl
1/8 l trockener Weißwein oder
  Fleischbrühe
Salz | Pfeffer
300 g Kirschtomaten
100 g schwarze Oliven

Zubereitungszeit: 30 Minuten
+ 1–2 Stunden Schmoren
Kalorien pro Portion: 445 kcal

1_Von der Lammschulter oder der Rinderwade alle großen Fettstücke und dicke Sehnen abschneiden. Das Fleisch in etwa 2 cm große Würfel schneiden. Zwiebeln schälen und in etwa 1 cm dicke Scheiben schneiden. Den Knoblauch schälen und

in feine Scheiben schneiden. Kräuter abbrausen und trocken schütteln, Blättchen von den Zweigen zupfen oder streifen und nicht zu fein hacken.

2_Olivenöl in einem Schmortopf erhitzen. Das Fleisch darin in drei Portionen jeweils kräftig anbraten und wieder aus dem Topf nehmen. Wenn das Fleisch gebraten ist, Zwiebeln, Knoblauch und die Kräuter im Bratfett andünsten. Wein oder Brühe angießen und den Bratsatz damit gut vom Topfboden lösen. Fleisch salzen, pfeffern und wieder in den Topf geben, zugedeckt bei geringer Hitze 1–2 Stunden schmoren lassen (Lamm etwa 1 Stunde, Rind etwa 2 Stunden). Dabei ab und zu durchrühren und eventuell noch ein bisschen Flüssigkeit angießen.

3_Die Haut der Tomaten einritzen, die Tomaten in eine Schüssel legen und mit kochend heißem Wasser überbrühen. Kurz ziehen lassen, kalt abschrecken und die Haut abziehen. Die Tomaten und die Oliven unter das Fleisch mischen und nur warm werden lassen. Den Schmortopf mit Salz und Pfeffer abschmecken.

Dazu passt: knuspriges Weißbrot.

Lauwarme Kalbshuft im Kräutersud

Mit pikanter Brotsauce

Zutaten für 4 Personen:
2 Bund gemischte Kräuter
  (z. B. Dill, Petersilie, Schnittlauch,
  Estragon, Kresse, Basilikum)
4 Frühlingszwiebeln
1/4 l Weißwein | 2 Lorbeerblätter
Salz (fein ist Meersalz oder
  Fleur de Sel)
5 weiße Pfefferkörner
700 g Kalbshüfte
150 g Weißbrot
1 EL scharfer Senf (z. B. Dijon-Senf)
50 ml Sonnenblumenöl

Zubereitungszeit: 20 Minuten
+ 45 Minuten Garen
Kalorien pro Portion: 485 kcal

1_Die Kräuter jeweils im Bund abbrausen und trocken schütteln. Von den Frühlingszwiebeln Wurzelbüschel und alle welken Teile abschneiden. Zwiebeln waschen und quer halbieren.

2_Den Weißwein mit 1/2 l Wasser, Lorbeerblättern, 1 TL Salz und den Pfefferkörnern aufkochen. Die Kräuterbündel, die Zwiebelhälften und die Kalbshüfte einlegen und im Sud zugedeckt bei geringer Hitze 15 Minuten sanft köcheln lassen. Den Topf vom Herd ziehen und zugedeckt 30 Minuten stehen und das Fleisch nachziehen lassen.

3_Die Kalbshüfte aus dem Sud nehmen, in Alufolie wickeln und neben dem Herd warm halten. Die Kräuterbündel aus dem Sud fischen, die Stiele grob abschneiden und das Grün wieder zurück in den Sud geben. Die Lorbeerblätter wegwerfen. Das Weißbrot grob würfeln und in dem Sud kurz einweichen, dann alles samt Kräutern und Zwiebeln mit dem Pürierstab pürieren. Den Senf einrühren, dann das Öl einmixen.

4_Die Kalbshuft in nicht zu dicke Scheiben schneiden und leicht salzen. Die Fleischscheiben mit der Brotsauce auf vorgewärmte Teller verteilen und servieren.

Dazu passt: Salzkartoffeln.

Kräuterhuhn aus dem Ofen

Dem gehen die würzigen Kräuter unter die Haut

Zutaten für 2–3 Personen:
1 fleischiges Hähnchen (Poularde; etwa 1,5 kg)
je 2 Zweige Rosmarin, Thymian und Salbei
Salz | Pfeffer
500 g junge Zucchini
1 Bund Frühlingszwiebeln
2 Knoblauchzehen
1/2 TL Chiliflocken
5 EL Olivenöl

Zubereitungszeit: 35 Minuten
+ 45–50 Minuten Backen
Kalorien pro Portion (bei 3): 805 kcal

1_Das Hähnchen mit einem scharfen schweren Messer und der Geflügelschere längs halbieren, sodass zwei gleich große Hälften mit je einer Keule entstehen. Die Hälften waschen und gut trocken tupfen. Die Kräuterzweige abbrausen, trocken schütteln und mit der Küchenschere in etwa 2 cm lange Stücke schneiden.

2_Backofen auf 180 Grad vorheizen (erst später einschalten: Umluft 160 Grad). Die Haut des Huhns im Abstand von einigen Zentimetern immer wieder ein wenig anheben und mit der Küchenschere einschneiden. In diese kleinen Öffnungen je 1 Kräuterzweigstück stecken. Das Huhn mit Salz und Pfeffer einreiben.

3_Die Zucchini waschen, putzen und in gut 1 cm große Würfel schneiden. Von den Frühlingszwiebeln die Wurzelbüschel und alle welken Teile abschneiden. Die Zwiebeln waschen und in gut 1 cm lange Stücke schneiden. Den Knoblauch schälen und grob hacken.

4_Zucchini, Zwiebeln und Knoblauch mit den Chiliflocken, Salz und 3 EL Olivenöl mischen und in einer ofenfesten Form verteilen. Die Hähnchenhälften mit der Haut nach oben nebeneinander auf das Gemüse setzen und mit dem restlichen Öl einpinseln. Das Kräuterhuhn im Ofen (Mitte) 45–50 Minuten backen, bis es gar und schön gebräunt ist. Bei Bedarf zum Schluss den Grill kurz zuschalten.

Dazu passt: neue Kartoffeln oder einfach nur knuspriges Weißbrot.

Kirschkuchen mit Streuseln

Knusprig, fruchtig, saftig
– was will man mehr!

Zutaten für 1 Backblech (20 Stück):
Für den Belag:
1 kg Kirschen (am besten
    Sauerkirschen)
50 g Zucker
Für die Streusel:
150 g Butter
120 g Zucker
200 g Mehl
1 Prise Salz
Für den Teig:
1 Bio-Zitrone
200 g weiche Butter
120 g Zucker
2 Pck. Vanillezucker
4 Eier (M)
400 g Mehl
3 TL Backpulver
150 ml Milch

Zubereitungszeit: 35 Minuten
+ 35 Minuten Backen
Kalorien pro Stück: 340 kcal

1_Für den Belag Kirschen waschen, entstielen und entsteinen. Die Kirschen mit dem Zucker in einem Topf verrühren, erhitzen und kurz kräftig aufkochen. Lauwarm abkühlen lassen. Das Backblech mit Backpapier auskleiden. Backofen auf 180 Grad vorheizen (erst später einschalten: Umluft 160 Grad).

2_Für die Streusel die Butter schmelzen und leicht abkühlen lassen. Zucker, Mehl und Salz in einer Schüssel mischen. Die Butter einlaufen lassen und alles mit den Fingern zu Streuseln verarbeiten.

3_Für den Teig die Zitrone heiß waschen und abtrocknen, die Schale fein abreiben. Die Butter mit Zucker, Vanillezucker und der Zitronenschale mit den Quirlen des Handrührgeräts schön cremig rühren. Eier nacheinander unterrühren. Das Mehl mit dem Backpulver mischen und mit der Milch rasch unterrühren.

4_Den Teig auf dem Blech verstreichen. Die Kirschen darauf verteilen und zum Schluss die Streusel aufstreuen. Den Kuchen im Ofen (Mitte) etwa 35 Minuten backen, bis er schön gebräunt ist. Auf dem Blech auskühlen lassen, dann in Stücke schneiden.

Blaubeerpfannkuchen

Nicht nur für Kinder ein Sommerhit!

Zutaten für 4 Personen:
Für die Pfannkuchen:
350 g Mehl
1 Prise Salz
6 EL Zucker
600 ml Milch
4 Eier (M)
500 g Blaubeeren (Heidelbeeren)
1/2 Bio-Zitrone
50 g Butter
Zum Bestreuen:
4 EL Zucker
1/2 TL Zimtpulver

Zubereitungszeit: 40 Minuten
+ 30 Minuten Ruhen
Kalorien pro Portion: 760 kcal

1_Das Mehl mit Salz und 2 EL Zucker in einer Schüssel mischen. Jetzt nach und nach mit dem Schneebesen die Milch und Eier so lange kräftig unterschlagen, bis keine Klümpchen mehr im Teig zu sehen sind. Den Teig bei Raumtemperatur etwa 30 Minuten ruhen und quellen lassen.

2_Die Blaubeeren verlesen und in einem Sieb abbrausen, abtropfen lassen. Zitrone heiß waschen und abtrocknen, die Schale fein abreiben und den Saft auspressen. Beides mit den Beeren mischen.

3_Backofen auf 100 Grad vorheizen (auch schon jetzt einschalten: Umluft 80 Grad). In einer großen (beschichteten) Pfanne 1 geh. EL Butter und etwa 1 EL Zucker schmelzen lassen. Ein Viertel der Heidelbeeren einrühren. Ein Viertel des Teiges (gut 2 Schöpfkellen voll) über den Heidelbeeren verteilen und bei mittlerer Hitze etwa 3 Minuten backen. Der Teig soll dann unten goldbraun sein und oben nicht mehr flüssig aussehen. Pfannkuchen wenden und noch mal so lange backen.

4_Den gebackenen Pfannkuchen auf eine ofenfeste Platte legen und im Ofen warm halten. Nacheinander wie beschrieben weitere 3 Pfannkuchen backen. Zum Bestreuen Zucker und Zimt mischen und mit den Pfannkuchen servieren.

TIPP

Wer mag, kann die fertigen Pfannkuchen auch sofort ganz frisch essen und dann immer wieder einen neuen ausbacken.

Joghurteis mit Fruchtsalat

Ganz schön erfrischend!

Zutaten für 4 Personen:
1/2 Bio-Zitrone
150 g Sahne
1 Pck. Vanillezucker
350 g Naturjoghurt
75 g Puderzucker
2 große Pfirsiche
4 Feigen
2 EL flüssiger Honig
1 Stängel Minze

Zubereitungszeit: 25 Minuten
+ 4 Stunden Gefrieren
Kalorien pro Portion: 335 kcal

1_Zitrone heiß waschen und abtrocknen, die Schale fein abreiben und den Saft auspressen. Die Sahne mit dem Vanillezucker mit den Quirlen des Handrührgeräts halbsteif schlagen.

2_Den Joghurt mit dem Puderzucker mit dem Schneebesen kräftig durchschlagen. Die Sahne und die Zitronenschale unterheben. Joghurtmasse in eine Edelstahlschüssel geben und für etwa 4 Stunden in das Gefrierfach stellen. Dabei immer wieder mal durchrühren, damit sich keine zu großen Eiskristalle bilden.

3_Dann die Pfirsiche waschen oder auch häuten: Bei sehr reifen Früchten geht das ganz simpel – einfach mit einem kleinen spitzen Messer nach und nach die Haut abziehen. Bei allen anderen Früchten muss man wie bei Tomaten mit kochend heißem Wasser nachhelfen – die Pfirsiche überbrühen und kurz ziehen lassen, abschrecken und die Haut entfernen. Die Pfirsiche halbieren und die Steine herauslösen, Pfirsiche klein würfeln. Die Feigen waschen und die Stiele abschneiden. Die Feigen in kleine Würfel schneiden.

4_Den Zitronensaft in einer Schüssel mit dem Honig verrühren. Die Früchte untermischen. Minze abbrausen und trocken schütteln, die Blättchen fein schneiden und unter den Fruchtsalat mischen.

5_Das Joghurteis in Portionen in kleinen Schälchen oder in Gläsern verteilen. Den Fruchtsalat dazu schmecken lassen.

Krustenbrot

Das Wichtigste: dem Teig beim Gehen Zeit lassen!

Zutaten für 1 Brot (etwa 30 Scheiben):
250 g Weizen- oder Dinkelvollkornmehl
500 g Weizenmehl (Type 405) oder
  Dinkelmehl (Type 630)
1 Würfel Hefe (42 g)
1 TL Zucker | 1 EL Salz

Zubereitungszeit: 15 Minuten
+ 16 Stunden Gehen
+ 1 Stunde Backen
Kalorien pro Scheibe: 85 kcal

1_Beide Mehlsorten in einer Schüssel mischen. Die Hefe zerkrümeln und mit dem Zucker in 450 ml lauwarmem Wasser anrühren. Mit dem Salz zum Mehl geben und alles mit den Knethaken des Handrührgeräts sehr gründlich durchkneten.

2_Den Teig in der Schüssel zugedeckt etwa 8 Stunden (am besten über Nacht) in den Kühlschrank stellen. Den Teig dann herausnehmen und noch einmal gründlich durchkneten, weitere 4 Stunden gehen lassen. Nochmals gut durchkneten und erneut etwa 4 Stunden gehen lassen.

3_Dann den Backofen auf 250 Grad vorheizen (auch schon jetzt einschalten: Umluft 230 Grad). Das Backblech mit Backpapier auslegen. Den Teig noch einmal durchkneten und auf dem Backblech zu einem ovalen Laib formen. Die Hände in Wasser tauchen und den Laib schön glatt formen.

4_Das Blech in den Ofen (Mitte) schieben. Eine ofenfeste Schale mit Wasser auf den Boden des Backofens stellen. Das Brot etwa 15 Minuten backen.

5_Dann die Temperatur auf 200 Grad (Umluft 180 Grad) zurückschalten und das Brot weitere 45 Minuten backen. Dabei etwa alle 10 Minuten mit etwas Wasser befeuchten (dafür am besten einen Wassersprüher verwenden).

6_Das Brot mit einem doppelt gefalteten Geschirrtuch aus dem Ofen holen und den Klopftest machen: mit den Fingerknöcheln auf die Unterseite klopfen. Klingt das Brot im Inneren hohl, ist es fertig gebacken. Ansonsten noch einmal etwa 10 Minuten backen und den Klopftest wiederholen. Das fertige Brot auf einem Kuchengitter vollkommen auskühlen lassen.

VARIANTE: Roggenbrot

Je 500 g Dinkel- und Roggenvollkornmehl mit 1 EL Salz mischen. 1 Würfel Hefe (42 g) zerkrümeln und mit 1 TL Zucker in 600 ml lauwarmem Wasser anrühren. Den Ansatz etwa 10 Minuten stehen lassen, dann mit 150 g gebrauchsfertigem Natur-Sauerteig zur Mehlmischung geben und alles gut verkneten. Wie beschrieben 16 Stunden gehen lassen und zwischendurch durchkneten. Anschließend den Teig zu einem Laib formen und mit feuchten Händen glatt streichen. Im 250 Grad heißen Backofen (Mitte, Umluft 230 Grad) 15 Minuten backen und dann bei 200 Grad (Umluft 180 Grad) noch 1 weitere Stunde.

TIPP

Wer mag, kann Sauerteig auch selbst ansetzen: 75 g Roggenmehl (Type 1370 oder Roggenvollkornmehl) mit 75 ml lauwarmem Wasser und 1 EL Naturjoghurt oder Dickmilch verrühren und zugedeckt an einem warmen Ort 24 Stunden stehen lassen. Umrühren, wieder zudecken und erneut 24 Stunden stehen lassen. Dann weitere 75 g Roggenmehl und 75 ml lauwarmes Wasser unterrühren und den Teig noch mal 24 Stunden stehen lassen.

Laugenbrezen

Machen denen vom Bäcker echte Konkurrenz – innen schön feucht, außen herrlich knusprig

Zutaten für 8 Stück:
400 g Mehl
1 geh. TL Salz
gut 1/2 Würfel Hefe (ca. 25 g)
1 Prise Zucker
50 g Natron (aus dem Backregal)
grobkörniges Salz zum
  Bestreuen

Zubereitungszeit: 30 Minuten
+ 1 Stunde Gehen
+ 15 Minuten Backen
Kalorien pro Stück: 170 kcal

1_Mehl mit dem Salz in einer Schüssel mischen. Die Hefe zerkrümeln und mit dem Zucker in 275 ml lauwarmem Wasser anrühren. Den Hefeansatz zum Mehl geben und alles mit den Knethaken des Hand-rührgeräts zu einem glatten weichen Teig verarbeiten. Den Teig in der Schüssel zu-gedeckt etwa 1 Stunde gehen lassen.

2_Dann den Teig noch mal durchkneten und in acht Portionen teilen. Jede Portion zu einem etwa 50 cm langen Strang for-men, der in der Mitte etwas dicker ist und an den beiden Enden dünn ausläuft. Jeden Teigstrang zu einem offenen Kreis zusammenlegen, die Enden ganz locker verschlingen und auf das dickere Mittel-stück legen, andrücken.

3_Backofen auf 220 Grad vorheizen (auch schon jetzt einschalten: Umluft 200 Grad). Das Backblech mit Backpapier belegen.

4_In einem weiten Topf 1 1/2 l Wasser mit dem Natron zum Kochen bringen. Die Brezen einzeln in die Lauge geben, mit dem Schaumlöffel gut untertauchen und etwa 1/2 Minute kochen lassen. Mit dem Schaumlöffel wieder herausheben und auf das Blech legen (zwischen den Brezen ausreichend Platz lassen). Die Brezen mit wenig grobem Salz bestreuen.

5_Das Blech in den Ofen (Mitte) schieben und die Brezen etwa 15 Minuten backen, bis sie aufgegangen und schön gebräunt sind. Die Laugenbrezen von dem Blech nehmen und auf einem Kuchengitter aus-kühlen lassen.

VARIANTE: Knusprige Kümmelstangen

Hefeteig wie beschrieben zubereiten und in acht Portionen teilen. Jede Portion auf einer mit Mehl bestäubten Arbeitsfläche zu einem 1 cm dicken Rechteck ausrollen und von der Längsseite her zu Stangen aufrollen. Dünn mit Wasser einstreichen und ganz nach Geschmack mit Kümmel-samen bestreuen, Kümmel leicht in den Teig drücken. Die Stangen im 220 Grad heißen Backofen (Mitte, Umluft 200 Grad) etwa 15 Minuten backen.

TIPP

Sowohl die Brezen als auch die Stangen kann man gut auf Vorrat zubereiten. Die Brezen nach dem Laugenbad, die Stangen nach dem Formen nebeneinander auf ein kleines Blech oder eine Platte legen und im Gefrierfach vorfrieren. Dann in Beutel packen und gut verschließen. Bei Bedarf die gefrorenen Brezen oder Stangen aufs Backblech legen und im 220 Grad heißen Backofen (Mitte, Umluft 200 Grad) etwa 20 Minuten backen.

Eiercreme

Einpacken, mitnehmen und auf Brot schmecken lassen

Zutaten für 4 Personen:
4 Eier (M)
1 Bund Schnittlauch
100 g geröstete, gehäutete Paprikaschoten (aus dem Glas oder von der
   Feinkosttheke)
200 g saure Sahne
1 TL Harissa (scharfe Gewürzpaste)
Salz

Zubereitungszeit: 20 Minuten
Kalorien pro Portion: 165 kcal

1_Die Eier anpieksen und in kochendem Wasser in etwa 8 Minuten nicht zu hart kochen, dann kalt abschrecken und abkühlen lassen. Schnittlauch abbrausen, trocken schütteln und in feine Röllchen schneiden. Die Paprikaschoten abtropfen lassen und fein hacken.

2_Die Eier schälen und sehr fein hacken. Mit Schnittlauch und Paprika unter die saure Sahne rühren und mit Harissa und Salz abschmecken.

Zucchini-frischkäse

Fein zum Dippen und als Brotaufstrich

Zutaten für 4 Personen:
1 kleiner Zucchino (etwa 150 g)
Salz | 1/2 Bio-Zitrone
2 EL Pinienkerne
6 Stängel Basilikum
100 g geräucherter Schinken
   (in dünnen Scheiben)
200 g Doppelrahm-Frischkäse
1 TL Olivenöl | Pfeffer

Zubereitungszeit: 20 Minuten
Kalorien pro Portion: 260 kcal

1_Den Zucchino waschen, putzen, fein raspeln, mit 1 gestr. TL Salz mischen und etwa 10 Minuten stehen lassen.

2_Inzwischen die Zitrone heiß waschen und abtrocknen, die Schale fein abreiben. Pinienkerne in einer kleinen Pfanne ohne Fett bei mittlerer Hitze goldgelb rösten und fein hacken. Basilikum abbrausen, trocken schütteln und die Blättchen fein schneiden. Den Schinken ohne Fettrand sehr fein hacken.

3_Die Flüssigkeit, die sich beim Zucchino gebildet hat, abgießen und das Fruchtfleisch gut ausdrücken. Zucchino, Zitronenschale, Pinienkerne, Basilikum und den Schinken unter den Frischkäse rühren. Das Olivenöl untermischen und alles mit Pfeffer und eventuell Salz abschmecken.

Dazu passt: (Oliven-)Ciabatta oder/und Grissini.

Auberginen-tatar

Sommerlich-mediterran

Zutaten für 4 Personen:
1 Aubergine (etwa 350 g)
1 kleine rote Chilischote
2 Knoblauchzehen | 1/2 Bund Petersilie
2 Tomaten | 2 EL Olivenöl
1 EL frisch gepresster Zitronensaft
Salz

Zubereitungszeit: 20 Minuten
+ 30 Minuten Backen
Kalorien pro Portion: 70 kcal

1_Backofen auf 250 Grad vorheizen (auch schon jetzt einschalten: Umluft 230 Grad). Aubergine waschen, putzen und mit dem Messer mehrmals einstechen. Auf dem Blech im Ofen (Mitte) etwa 30 Minuten backen, bis sie schön weich ist.

2_Inzwischen Chilischote waschen und entstielen, Knoblauch schälen. Petersilie abbrausen, trocken schütteln und die Blättchen abzupfen. Chili, Knoblauch und Petersilie sehr fein hacken. Die Tomaten waschen und sehr klein würfeln, dabei die Stielansätze entfernen.

3_Die Aubergine längs halbieren, Fruchtfleisch mit einem Löffel von der Schale abschaben und fein hacken. Mit Tomaten, Chilimischung, dem Öl und dem Zitronensaft verrühren und mit Salz abschmecken.

Dazu passt: Ciabatta oder Fladenbrot.

VARIANTE: Auberginen-Sesam-Paste

Die Aubergine wie beschrieben backen und zerkleinern. Mit 50 g Tahin (Sesampaste) und 150 g Naturjoghurt verrühren und mit 1 EL frisch gepresstem Zitronensaft, Salz und Chiliflocken abschmecken.

Taboulé mit Melone

Erfrischend Fruchtiges für heiße Sommertage

Zutaten für 4 Personen:
150 g Couscous oder feiner Bulgur
1/2 Charentais- oder Galiamelone (etwa 500 g)
3 Frühlingszwiebeln
1 großes Bund Petersilie
4 EL frisch gepresster Zitronensaft
Salz
1 TL Chiliflocken (wer mag, kann gerne auch etwas mehr oder weniger nehmen)
5 EL Olivenöl

Zubereitungszeit: 30 Minuten
Kalorien pro Portion: 275 kcal

1_Den Couscous oder Bulgur in eine Schüssel rieseln lassen und mit so viel lauwarmem Wasser begießen, dass die Körner gerade damit bedeckt sind. Etwa 15 Minuten stehen lassen.

2_Inzwischen die Kerne mitsamt dem faserigen Fruchtfleisch mit einem Löffel aus der Melone schaben. Die Melone in dicke Spalten schneiden, schälen und in kleine Würfel schneiden. Von den Frühlingszwiebeln die Wurzelbüschel und alle welken Teile abschneiden. Die Zwiebeln waschen und fein hacken. Die Petersilie abbrausen und trocken schütteln, die Blättchen abzupfen und fein hacken.

3_Den Zitronensaft mit Salz und den Chiliflocken gut verrühren. Das Öl nach und nach mit einer Gabel unterschlagen, bis eine cremige Sauce entstanden ist. Die Sauce mit den Melonenstücken, den Zwiebeln und der Petersilie unter den Couscous oder Bulgur rühren. Taboulé abschmecken und schmecken lassen.

Dazu passt: Hackpflanzerl, geräucherter Fisch oder roher Schinken.

Fruchtig marinierte Paprika

Ein echter Sommerhit mit sonnengereiften Aprikosen!

Zutaten für 4 Personen:
3 rote und/oder gelbe Paprikaschoten (etwa 600 g)
2 Frühlingszwiebeln
1/4 Bund Zitronenmelisse (ersatzweise geht auch Petersilie)
150 g feste reife Aprikosen
1/2 Bio-Zitrone
Salz
1/2 TL rosenscharfes Paprikapulver
4 EL Olivenöl

Zubereitungszeit: 40 Minuten
Kalorien pro Portion: 125 kcal

1_Backofen auf 250 Grad vorheizen (auch schon jetzt einschalten: Umluft 230 Grad). Das Backblech mit Backpapier auslegen. Die Paprikaschoten längs halbieren. Den Stiel und die Trennhäute mit den Kernen aus den Hälften lösen. Die Schotenhälften waschen, mit der Haut nach oben neben-einander aufs Backblech legen. Paprika im Ofen (Mitte) 15–20 Minuten backen, bis die Haut dunkle Blasen bekommt.

2_Inzwischen von den Frühlingszwiebeln die Wurzelbüschel und alle welken Teile abschneiden. Die Zwiebeln waschen und in feine Ringe schneiden. Die Melisse ab-brausen und trocken schütteln, die Blätt-chen abzupfen und in Streifen schneiden. Die Aprikosen waschen, halbieren, ent-steinen und klein würfeln. Die Zitrone heiß waschen und abtrocknen, die Schale fein abreiben, 2 EL Saft auspressen.

3_Zitronensaft und -schale, Salz und das Paprikapulver verrühren. Das Öl nach und nach mit einer Gabel unterschlagen, bis eine cremige Sauce entstanden ist. Die Zwiebeln, die Melisse und die Aprikosen dazugeben und untermischen.

4_Paprikahälften in einen Gefrierbeutel geben und so lange abkühlen lassen, bis man sie gut anfassen kann. Dann die Haut abziehen und die Schoten in breite Streifen schneiden. In eine flache Form legen und die Aprikosensauce darauf verteilen. Gleich essen (oder auch vorher noch ein paar Stunden zugedeckt durch-ziehen lassen).

Marinierte Auberginen mit Chili

Italienische Gemüseküche mit arabischem Einschlag

Zutaten für 4 Personen:
2 Auberginen (etwa 600 g)
je 2 Zweige Oregano und Thymian
1 Zweig Rosmarin
1 rote Chilischote
2 Knoblauchzehen
1 Tomate
2 EL Pinienkerne
1 TL Koriandersamen
1/2 TL Fenchelsamen
4 EL Olivenöl
Salz
4 EL Aceto balsamico
1 TL Honig
Basilikumblättchen zum Garnieren

Zubereitungszeit: 30 Minuten
Kalorien pro Portion: 170 kcal

1_Die Auberginen waschen, putzen und erst in 1 cm dicke Scheiben, dann in eben-so große Würfel schneiden. Den Oregano, Thymian und Rosmarin abbrausen und

trocken schütteln, die Blättchen abzupfen und fein hacken. Die Chilischote waschen, entstielen und mit den Kernen sehr fein hacken. Den Knoblauch schälen und fein schneiden. Die Tomate waschen und in kleine Würfel schneiden, dabei den Stielansatz entfernen.

2_Pinienkerne ohne Fett in einer großen Pfanne bei mittlerer Hitze goldgelb rösten, herausnehmen. Den Koriander und Fenchel in die Pfanne geben und etwa 1 Minute rösten, dann im Mörser fein zerdrücken. 3 EL Öl in die Pfanne geben. Auberginenwürfel darin bei mittlerer bis starker Hitze etwa 10 Minuten braten, bis sie goldbraun sind. Salzen und in eine Schüssel füllen.

3_Kräuter, Chili, Knoblauch und Tomate in die Pfanne geben und kurz andünsten. Mit dem Balsamico ablöschen und nur kurz aufkochen lassen. Mit der Koriandermischung, Honig und Salz würzen. Restliches Öl unterrühren und die Sauce unter die Auberginen mischen, abschmecken. Mit den Pinienkernen bestreuen und mit dem Basilikum garnieren.

Dazu passt: Feta oder Quark-Wurst-Pflanzerl (siehe rechts).

Quark-Wurst-Pflanzerl

Schön würzig und saftig

Zutaten für 4 Personen:
2 Scheiben altbackenes Weißbrot (etwa 60 g, vom Vortag)
1 rote Paprikaschote
1 rote oder weiße Zwiebel
8 Zweige Thymian
250 g rohe Bratwürste
100 g Quark (auch fein: Frischkäse)
2 Eier (M)
Salz | Pfeffer
2 EL Olivenöl

Zubereitungszeit: 30 Minuten
Kalorien pro Portion: 355 kcal

1_Die Brotscheiben in einer Schüssel mit lauwarmem Wasser begießen und einweichen, bis sie weich sind. Die Paprikaschote längs halbieren, den Stiel und die Trennhäute mit den Kernen herauslösen. Die Schote waschen und klein würfeln. Die Zwiebel schälen und sehr fein hacken. Thymian abbrausen, trocken schütteln, die Blättchen von den Zweigen streifen. Die Bratwurstmasse in kleinen Stücken aus den Häuten drücken.

2_Brot ausdrücken und klein zerpflücken. Mit Paprika, Zwiebel, Thymian, Bratwurstmasse, Quark und Eiern in eine Schüssel geben, mit Salz und Pfeffer würzen. Alles sehr gründlich vermischen.

3_Das Öl in einer großen Pfanne erhitzen. Die Wurstmasse in 8 gleich großen Häufchen in die Pfanne setzen und leicht flach drücken. Die Pflanzerl bei mittlerer Hitze etwa 5 Minuten braten, dann wenden und noch mal so lange braten. Die Pflanzerl schmecken warm und kalt.

UND DAZU: Blumenkohlsalat

1 kleinen Blumenkohl (etwa 800 g) gut putzen, waschen und in Röschen brechen. Die Röschen in kochendem Salzwasser in etwa 5 Minuten bissfest garen, kalt abschrecken, abtropfen lassen. 1 Bund Frühlingszwiebeln putzen, waschen und fein schneiden. 1 Bund Rucola abbrausen, trocken schütteln, hacken. 4 getrocknete Tomaten (in Öl) in Streifen schneiden. 2 EL frisch gepressten Zitronensaft mit Salz und je 1/2 TL gemahlenem Koriander und rosenscharfem Paprikapulver verrühren, 4 EL Olivenöl unterschlagen. Sauce mit allen Salatzutaten mischen, abschmecken.

Herbst

Blätter färben sich bunt + Blattsalate werden herb + Kastaniensammeln
+ lange Abende mit Wein und Brot + goldener Oktober + goldbraune Ofen-
kartoffeln + Erntedank + Entenspeck + freches Kürbisgrinsen + süffige Rot-
weinlinsen + Nebelgedichte + unglaubliche Lieblingsgerichte + buttriger
Hefekuchen + Händchenhalten + wir wandern durch das letzte Licht

Die Top 10 im Herbst

1 Heimische Aromen: Fenchel- und Kümmelsamen, Meerrettich, Senfkörner, Wacholderbeeren.

2 Würzige bis herbe Salate: Chicorée, Endivie, Feldsalat, Frisée und Radicchio.

3 Kürbisse: Die ganz großen sind gut für Halloween-Laternen, gegessen werden lieber Butternut-, Hokkaido-, Muskat- oder Spaghettikürbis.

4 Zwiebeln: Ob weiß, rot, braun, ob Schalotte oder Cipollina – sie geben vielen Gerichten Aroma und Substanz, taugen aber auch geschmort gut als Beilage.

5 Fenchel: Gibt es zwar fast immer, aber im Herbst ist sein Aroma einfach am besten.

6 Waldpilze: Wachsen gut, wenn es feucht und warm ist. Besonders fein: Steinpilze, Maronen, Rotkappen, Semmelstoppelpilz. Wer sich auskennt, sammelt selbst, der Rest kauft sie auf dem Markt.

7 Trauben: Können fad und belanglos sein, aber auch ein ganz großes Glück. Und pssst, vor allem die mit den Kernen.

8 Muscheln: Sind ab sofort – in allen Monaten mit »R« – äußerst delikat. Zugreifen!

9 Enten: Wachsen sie im Freien auf, haben sie jetzt die richtigen Anteile von Fleisch und Fett z. B. für Kirchweih oder St. Martin. Später sind sie oft zu mächtig.

10 Und die jungen Weine und Moste, die in goldener Sonne unterm bunten Blätterdach gleich noch mal so gut schmecken.

Äpfel? Siehe Seite 66–69.

Obst-Gemüse-Kiste

Herbstfestkalender

Herbstanfang
- am 22. oder 23. September
- meteorologisch am 1. September
- jetzt wird Wohlfühlfutter aus dem Vollen gekocht
- wir empfehlen: Steinpilzcarpaccio (Seite 72)

Erntedankfest
- wird am ersten Sonntag nach dem Michaelstag (29. September) gefeiert
- traditionell werden dabei in der Kirche »die Gaben der Natur« gesegnet (kann man auch mit einem guten Essen zu Hause versuchen)
- den Brauch, an diesem Tag Bedürftige zu bekochen, finden wir gut – laden Sie also jemanden ein, der's braucht und sich freut
- wir empfehlen: Steckrübengratin (Seite 78)

My Little Oktoberfest
- der Herbst ist Volksfestzeit, und das größte ist das Oktoberfest. Wie wär's mit einer eigenen Version für den Hausgebrauch?
- wer Garten und Zelt hat, hat da schon reichlich, zur Not sorgt aber auch ein Kasten Bier in der weißblauen Strandmuschel für Freude
- ob Schiffschaukeln in der Wanne, Spiegelkabinett im Schlafzimmer oder Hau-den-Lukas am Küchentisch – Hauptsach', es wird g'lacht
- geröstete Mandeln und Brezn werden gekauft, der Rest selbst gemacht
- wir empfehlen: Kalbsbäckchen (Seite 80)

Das erste Mal
- erste Zugvögelstarts, Kartoffelfeuerdüfte, Schal-und-Mütze-Tage
- das erste Blatt in der Luft gefangen, durch den ersten Nebel gegangen
- es wird genossen, was die Seele wärmt
- wir empfehlen: schnell weiterblättern

Unsere Lieblinge der Saison:
Rüben

Das sind sie: Vor der Entdeckung Amerikas DAS Gemüse in Europa, und heute wieder richtig »in« – Mohr-, Steck-, Mairübe, Teltower Rübchen, Kohlrabi, Pastinaken und Petersilienwurzeln, Navetten, Beten, Sellerie sowie noch einiges andere aus der Erde.

Dann sind sie gut: Wenn die Schale glatt und unverletzt, statt schrumplig ist. Wenn sie fest, statt biegsam sind. Wenn das Grün frisch wirkt. Wenn wir sie auf dem Markt kaufen.

Das machen wir mit ihnen: Im Gemüsefach des Kühlschranks oder im kühlen Keller lagern, wo sie 1 Woche und länger halten. Rüben gründlich waschen, dann mit dem Messer schälen. Von manchen (z. B. Kohlrabi) kann man auch das Grün verwenden.

Das mögen sie: Viele von ihnen schmecken roh geraspelt oder in hauchdünnen Scheiben sehr fein – einfach probieren. Klassisch werden sie zerkleinert in Butter oder Öl, im eigenen Saft oder mit Flüssigkeit (Wasser, Fond, Wein, Sahne) gedünstet. Man kann sie auch braten (wie Kartoffeln), schmoren (zum Braten), frittieren (Chips), pürieren (Pürees, Suppen) oder gratinieren (wie Kartoffeln).

Das mögen sie dazu: gerne andere Rüben und Gemüse mit Aroma wie z. B. Tomaten, alle Arten von Kohl, eigentlich jedes Gewürz von Anis bis Zimt und von Cayennepfeffer bis Curry sowie alle Kräuter von zart (z. B. Basilikum, Kerbel, Koriander, Petersilie) bis ausdrucksvoll (Majoran, Rosmarin, Salbei). Sehr gerne ein bisschen Fett in Form von Butter, Sahne, Öl, Speck und etwas Süße.

Das mögen sie nicht: Liegen, bis sie alt und austriebig werden; zu Brei gekocht werden; Partner mit wenig Geschmack (pochierter Fisch, leichtes Geflügel).

Wir trinken:
Rosé Verbene

Eine extravagante und außergewöhnlich gute Kombination, bei der die Eigenheit des Eisenkrauttees und der spezielle Ton des Rosé sich perfekt ergänzen. Schmeckt kühl und warm, reicht für 4 Gläser (je 200 ml). 1 Flasche guten trockenen Rosé (3/4 l, z. B. provenzalischer Tavel, deutscher Weißherbst) im Topf erhitzen, ohne ihn zu kochen. Dann 3–4 EL getrocknete Verbeneblätter dazugeben und alles 5 Minuten neben der Herdplatte ziehen lassen. Durch ein Sieb gießen, kurz abkühlen lassen oder kalt stellen. Ein paar Weintrauben auf Cocktailspieße stecken und in die Gläser geben, mit dem Rosé Verbene auffüllen. Tipp: Wird das Getränk warm – kurz nach dem Abgießen – serviert, kommt zuvor noch 1 EL Zucker mit der Verbene in den Wein.

Jetzt **Äpfel** essen

3 tolle Trios

Äpfel + Möhren + Meerrettich: z. B. Äpfel und Möhren grob raspeln, dann mit fein geriebenem Meerrettich, Schnittlauchröllchen und Schmand anmachen, zu Folienkartoffeln servieren. Oder alles in der Pfanne braten und auf Röstbrote geben.

Äpfel + Speck + Salbei: z. B. kleine Speckwürfel mit Salbeiblättchen kross anbraten und über in Butter gebratenen Apfelscheiben verteilen. Oder Apfelviertel, Speckscheiben und Salbeiblättchen auf Spieße stecken und grillen.

Äpfel + Kartoffeln + Schalotten: z. B. Äpfel, Kartoffeln und Schalotten in dünne Scheiben schneiden und in einer flachen Auflaufform mit Wacholdersahne (Sahne mit Wacholderbeeren aufkochen) gratinieren. Oder Apfel- und Kartoffelviertel in Salzwasser garen, stampfen und mit in Butter gebräunten Schalotten mischen.

3-Apfel-Kompott

Mit frischen und getrockneten Äpfeln sowie Apfelsaft: 1 Vanilleschote der Länge nach aufschlitzen, das Mark herausschaben. Beides mit 1/4 l Apfelsaft aufkochen. 150 g getrocknete Apfelscheiben in etwa 1 cm große Stücke schneiden, mit dem heißen Apfelsaft mischen und möglichst über Nacht, mindestens aber 2 Stunden quellen lassen. Dann 4 Äpfel (nicht zu fest, z. B. Boskop) vierteln, schälen, entkernen, grob würfeln und mit 1 TL frisch gepresstem Zitronensaft zu den eingeweichten Äpfeln geben. Alles in 2–3 Minuten weich kochen. Abkühlen lassen.

Apfelsuppe

Süß und warm, mit oder ohne Schuss: 1/2 l Apfelsaft, Apfelwein oder Cidre mit 4 EL Zucker, 2 TL Speisestärke und 1 TL frisch gepresstem Zitronensaft in einem Topf verrühren und erhitzen. In eine große Metallschüssel umfüllen und 3 Eier (M) einrühren. Schüssel in einen Topf mit leicht siedendem Wasser hängen. Mit den Quirlen des Handrührgeräts oder mit dem Schneebesen die Suppe schlagen, bis sie dickschaumig und heiß ist. In vorgewärmte Tassen füllen, mit etwas Zimtpulver bestreuen und gleich löffeln. Wer möchte, kann noch süße Croûtons einstreuen: 2 Scheiben Toastbrot entrinden, würfeln und mit 1 TL Zucker in 2 EL aufgeschäumter Butter anrösten. Zum Schluss mit dem Zimt über die Suppe geben.

Apfelsalat mit Radicchio

Herbstlich bunt – sehr fein als Vorspeise oder auch zu Pasteten, Schinken, Räucherfisch: 1 kleinen Radicchio von den Außenblättern befreien, vierteln und den Strunk entfernen. Nun die Viertel quer in feine Streifen schneiden, kurz im Sieb abbrausen und gut abtropfen lassen (ist der Salat sehr bitter, macht ihn Waschen mit warmem Wasser milder). 1 Bund Schnittlauch abbrausen, trocken schütteln und in gut 2 cm lange Röllchen schneiden. 4 EL Dickmilch oder saure Sahne mit 2 EL körnigem Senf, 2 EL Apfelessig, Salz und Pfeffer verrühren. 4 feste Äpfel (z. B. Berlepsch, Renetten oder Cox Orange) waschen und samt Schale rundum jeweils bis auf den Strunk grob raspeln. Gleich mit dem Dressing vermischen, dann Radicchio und Schnittlauch untermischen. 15 Minuten ziehen lassen und servieren.

Himmelerd-pfanne

Ein Klassiker ganz auf die Schnelle: 500 g fest-kochende Kartoffeln schälen, waschen und in 1 cm große Würfel schneiden. Die Kartoffel-würfel nochmals mit Wasser abbrausen und tropfnass in einer Pfanne mit 1 EL geschmacks-neutralem Öl und 1/2 TL Salz mischen. Dann zugedeckt 15 Minuten bei mittlerer Hitze garen. Inzwischen 300 g Blutwurst falls nötig häuten und in grobe Würfel schneiden. 1 Bund Schnitt-lauch abbrausen, trocken schütteln und in Röll-chen schneiden. 2 feste, würzige Äpfel (z. B. Cox Orange) waschen, vierteln, entkernen und in grobe Würfel schneiden. Nun den Deckel von der Pfanne nehmen und die vorgegarten Kartoffelwürfel noch 6 Minuten ohne Wenden braten und bräunen. Wenden und auf der anderen Seite weitere 4 Minuten braten. Die Kartoffeln zur Seite schieben und die Blut-wurst in der Pfanne anbraten. Die Äpfel dazu-geben, kurz mitbraten und dann samt dem Schnittlauch mit den Bratkartoffeln mischen. Mit Salz und Pfeffer würzen. Gleich servieren.

Würzige Bratäpfel

Comfort food with spice: Backofen auf 200 Grad (Umluft 180 Grad) vorheizen. 50 g Walnusskerne grob hacken, mit 1 TL Öl, 1/2 TL Zucker und 1 Prise Salz auf dem Blech mischen und im Ofen (Mitte) 10 Minuten rösten. 4 Stängel Salbei abbrausen, trocken schütteln und die Blätter hacken. 4 große, nicht zu süße Äpfel (z. B. Boskop) waschen und das Kerngehäuse großzügig ausstechen. Nüsse mit 200 g rohem Wurstbrät (beim Metzger fragen oder rohe Bratwürste kaufen) mischen und in die Äpfel füllen. Äpfel in eine gebutterte Auflaufform setzen und je 1 TL Butter darauf verteilen, 1/8 l Apfelsaft angießen. Im Ofen (Mitte) 25–30 Minuten backen. Tipp: Wer mag, kann ein Viertel des Bräts durch fein gewürfelte Blutwurst ersetzen.

Kürbis-bruschetta

Die beliebte Vorspeise
mal im Herbstgewand

Zutaten für 4 Personen:
1 Stück Muskatkürbis (etwa 250 g)
1 Stück Lauch (etwa 50 g)
2 Knoblauchzehen
4 Stängel Petersilie
6 EL Olivenöl
12 Scheiben (Vollkorn-)Baguette
Salz | Pfeffer

Zubereitungszeit: 20 Minuten
Kalorien pro Portion: 300 kcal

1_Backofen auf 250 Grad vorheizen (auch
schon jetzt einschalten: Umluft 230 Grad).

2_Die Kerne mitsamt dem faserigen
Fruchtfleisch mit einem Löffel aus dem
Kürbisstück schaben. Kürbis schälen und
in etwa 1/2 cm große Würfel schneiden.
Das Lauchstück längs aufschneiden und
gründlich waschen, auch zwischen den
Schichten. Den Lauch fein schneiden.
Den Knoblauch schälen und fein hacken.
Die Petersilie abbrausen und trocken
schütteln, die Blättchen abzupfen und
fein schneiden.

3_In einer Pfanne 2 EL Öl erhitzen. Die
Kürbiswürfel einrühren und bei mittlerer
Hitze in etwa 5 Minuten bissfest braten,
dabei ab und zu umrühren. Zwischendurch die Baguettescheiben auf dem Rost
im Ofen (Mitte) in 4–5 Minuten knusprig
werden lassen.

4_Lauch, Knoblauch und Petersilie zum
Kürbis geben und das Gemüse mit Salz
und Pfeffer abschmecken. Alles noch kurz
weiterbraten, dann die Kürbismischung
auf den gerösteten Broten verteilen, mit
dem übrigen Olivenöl beträufeln und
sofort noch warm servieren.

Zwiebelbrot mit Ziegenkäse

Rustikales gegen den kleinen Hunger

Zutaten für 4 Personen:
4 rote Zwiebeln (etwa 300 g)
1 EL Butter
2 TL Zucker
1/2 TL Chiliflocken
100 ml trockener Rotwein oder
  roter Traubensaft
Salz
4 große Scheiben Bauernbrot
150 g Ziegen-Camembert

Zubereitungszeit: 25 Minuten
Kalorien pro Portion: 285 kcal

1_Die Zwiebeln schälen, vierteln und in feine Streifen schneiden. Die Butter mit dem Zucker in einer Pfanne schmelzen lassen. Die Zwiebeln mit den Chiliflocken einrühren und bei mittlerer bis geringer Hitze etwa 5 Minuten braten. Den Rotwein oder Traubensaft angießen und alles noch etwa 3 Minuten garen, bis die Flüssigkeit sämig eingekocht ist, dann salzen.

2_Backofen auf 250 Grad vorheizen (auch schon jetzt einschalten: Umluft 230 Grad). Das Backblech mit Backpapier auslegen.

3_Die Brotscheiben nebeneinander auf das Blech legen und die Zwiebeln darauflöffeln. Den Käse in knapp 1 cm dicke Scheiben schneiden und darauflegen. Das Blech in den Ofen (Mitte) schieben und die Brote etwa 5 Minuten backen, bis der Käse zerläuft und leicht braun ist.

TIPP
Schmeckt auch mit Kuhmilch-Camembert. Ebenfalls ziemlich fein: Camembert mit Blauschimmel.

Hühnerleber-Paté

Wunderbar cremig und im Handumdrehen gemacht

Zutaten für 4 Personen:
200 g Hühnerlebern
2 Schalotten
1 kleiner Apfel
1 Rispe grüner Pfeffer (ersatzweise
  2 TL eingelegte Pfefferkörner aus
  dem Glas)
2 Salbeiblättchen
1 EL Butter
80 g Sahne | Salz
1 Prise frisch geriebene Muskatnuss

Zubereitungszeit: 25 Minuten
(ohne Abkühlen)
Kalorien pro Portion: 180 kcal

1_Die Hühnerlebern grob würfeln. Die Schalotten schälen und fein hacken. Den Apfel vierteln, schälen, entkernen und klein würfeln. Den Pfeffer waschen und die Körner von der Rispe abstreifen. Salbei in feine Streifen schneiden.

2_Die Butter in einem Topf schmelzen. Darin die Lebern mit Schalotten, Salbei, Apfel und Pfeffer bei mittlerer Hitze unter Rühren etwa 5 Minuten braten. Vom Herd nehmen und abkühlen lassen.

3_Dann die Lebermischung und die Sahne mit einem Pürierstab mittelfein pürieren. Paté mit Salz und Muskat abschmecken.

Dazu passt: geröstetes Toastbrot oder knusprige Baguettescheiben.

Ofenkürbis mit Parmesan

Ganz einfach zu machen und supergut

Zutaten für 4 Personen:
1 kleiner Kürbis (z. B. Butternut
  oder Hokkaido) oder 1 Stück
  Muskatkürbis (etwa 800 g)
4 EL Olivenöl
Salz | Pfeffer
100 g schwarze Oliven
100 g getrocknete Tomaten (in Öl)
1 EL Kapern (wer mag)
1 Stück Bio-Orangenschale (etwa 2 cm)
1 Stück Parmesan (etwa 80 g)

Zubereitungszeit: 40 Minuten
Kalorien pro Portion: 365 kcal

1_Backofen auf 200 Grad vorheizen (auch schon jetzt einschalten: Umluft 180 Grad). Das Backblech mit Backpapier auslegen.

2_Wer Hokkaido nimmt, kann die Schale mitessen, diesen Kürbis also waschen. Und dann gilt für alle Sorten: Den Kürbis in gut 1 cm dicke Spalten schneiden und die

Kerne mitsamt dem faserigen Fruchtfleisch mit einem Löffel abschaben. Den Kürbis (außer den Hokkaido) schälen, mit 2 EL Olivenöl mischen und nebeneinander auf dem Backblech auslegen. Mit Salz und Pfeffer würzen. Den Kürbis im Ofen (Mitte) in etwa 25 Minuten weich backen.

3_Inzwischen das Olivenfleisch von den Steinen schneiden. Tomaten und eventuell die Kapern abtropfen lassen und mit den Oliven und der Orangenschale sehr fein hacken. Mit dem übrigen Öl mischen und mit Salz und Pfeffer abschmecken.

4_Den Kürbis auf Teller verteilen. Vom Parmesan großzügig dünne Späne über den Kürbis hobeln. Das Oliventatar extra dazu servieren.

Dazu passt: knuspriges Weißbrot und eventuell noch ein bisschen Olivenöl zum »Nachwürzen«.

Steinpilz-carpaccio mit Nüssen

Eine feine Vorspeise nicht nur für festliche Anlässe

Zutaten für 4 Personen:
200 g ganz frische Steinpilze
1 EL frisch gepresster Zitronensaft
Salz | Pfeffer
2 EL Olivenöl | 3 EL Haselnüsse
4 Stängel Petersilie
4 EL Haselnussöl (am besten aus gerösteten Nüssen, das hat besonders
  viel Aroma)
ein paar Parmesanspäne zum
  Bestreuen (wer mag)

Zubereitungszeit: 25 Minuten
Kalorien pro Portion: 230 kcal

1_Steinpilze mit feuchtem Küchenpapier sauber abreiben, alle unschönen Stellen mit dem Messer wegschneiden. Die Pilze in möglichst dünne Scheiben schneiden. Den Zitronensaft mit Salz und Pfeffer verrühren, Olivenöl mit einer Gabel unterschlagen. Die Sauce ganz vorsichtig mit den Pilzen vermischen.

2_Haselnüsse in einer Pfanne ohne Fett bei mittlerer Hitze 2–3 Minuten rösten, bis sich die Haut zu lösen beginnt. Die Nüsse in ein Küchentuch wickeln und gegeneinanderreiben, sodass sich die braunen Häute so gut wie möglich ablösen.

3_Die Nüsse fein hacken. Die Petersilie abbrausen und trocken schütteln, die Blättchen von den Stängeln zupfen und ebenfalls fein hacken. Die Nüsse und die Petersilie mit dem Haselnussöl mischen, mit Salz und Pfeffer abschmecken.

4_Die Pilze dachziegelartig auf vier Teller anrichten. Das Nuss-Petersilien-Öl darauf verteilen. Wer mag, streut jetzt noch ein paar Parmesanspäne darüber.

Dazu passt: knuspriges Weißbrot.

TIPP
Wenn gerade keine schönen Steinpilze zu bekommen sind, schmecken auch Champignons oder Egerlinge. Möglichst größere Pilze kaufen.

Lauwarmer Linsensalat

Mit krossen Selleriestreifen ein wunderbarer Herbstgenuss

Zutaten für 4 Personen:
200 g schwarze Beluga-Linsen
  oder grüne Puy-Linsen
1 getrocknete Chilischote
2 Lorbeerblätter
1 Stück Knollensellerie (etwa 500 g)
1 TL Koriandersamen (wer mag)
1 EL Butter | 4 EL Olivenöl
Salz | Pfeffer
2–3 EL Weißweinessig
2 TL scharfer Senf (z. B. Dijon-Senf)
1/2 TL flüssiger Honig
1 Kästchen Gartenkresse (wer mag)

Zubereitungszeit: 50 Minuten
Kalorien pro Portion: 305 kcal

1_Linsen in einem Sieb abbrausen, in einen Topf geben, mit Wasser bedecken und zum Kochen bringen. Die Chilischote leicht andrücken und mit Lorbeerblättern dazugeben. Die Linsen zugedeckt bei mittlerer Hitze in 35–45 Minuten weich, aber nicht zu weich kochen.

2_Inzwischen den Sellerie schälen und zuerst in etwa 1/2 cm dicke Scheiben, dann in ebenso breite Streifen schneiden. Eventuell die Koriandersamen in einer Pfanne bei mittlerer Hitze etwa 1 Minute rösten, dann in einem Mörser nicht zu fein zerdrücken.

3_Die Butter und 1 EL Öl in der Pfanne erhitzen. Die Selleriestreifen und eventuell den Koriander einrühren und bei mittlerer Hitze in etwa 5 Minuten bissfest und leicht braun braten. Sellerie mit Salz und Pfeffer würzen.

4_Essig mit Senf, Honig, Salz und Pfeffer mit einer Gabel verrühren. Nach und nach das übrige Olivenöl unterschlagen, bis eine cremige Sauce entstanden ist. Eventuell die Kresse mit einer Küchenschere vom Beet schneiden.

5_Die Linsen abgießen und mit der Sauce und dem Sellerie mischen. Abschmecken und eventuell die Kresse aufstreuen. Den Salat lauwarm auf den Tisch stellen.

Dazu passt: als Vorspeise Brot, als Hauptgericht Schweine- oder Kalbskoteletts oder Bratwürste.

Kürbiscreme-suppe

Der Clou dazu: feinwürzige Orangen-Feldsalat-Gremolata

Zutaten für 4 Personen:
1 mehligkochende Kartoffel
  (etwa 150 g)
1 Stück Muskat- oder Butternut-
  kürbis (etwa 700 g)
1 Zwiebel | 1 EL Butter
1 l Gemüsebrühe
1 Handvoll Feldsalat
1 große Bio-Orange
1 Frühlingszwiebel
2 EL Kürbiskerne
1 EL Kürbiskernöl
Salz | Pfeffer
1 EL frisch gepresster Zitronensaft
Kürbiskernöl zum Beträufeln

Zubereitungszeit: 35 Minuten
Kalorien pro Portion: 140 kcal

1_Die Kartoffel schälen, waschen und grob würfeln. Aus dem Kürbis die Kerne mit dem faserigen Fruchtfleisch heraus-schaben, Kürbis schälen und würfeln. Die Zwiebel schälen und fein hacken.

2_Butter in einem Suppentopf schmelzen. Die Zwiebel darin andünsten. Kartoffel und Kürbis unterrühren und kurz mitdünsten. Brühe angießen und zum Kochen bringen. Suppe zugedeckt bei geringer bis mittlerer Hitze etwa 15 Minuten köcheln lassen, bis Kartoffel und Kürbis gut weich sind.

3_Inzwischen den Feldsalat gründlich waschen und trocken schütteln, Wurzel-enden abknipsen. Orange heiß waschen und abtrocknen, die Schale hauchdünn abschneiden. Von der Frühlingszwiebel das Wurzelbüschel und alle welken Teile abschneiden, die Zwiebel waschen.

4_Die Kürbiskerne in einer Pfanne unter Rühren bei mittlerer Hitze 1–2 Minuten anrösten. Herausnehmen und etwas ab-kühlen lassen, dann mit dem Feldsalat, Orangenschale und Frühlingszwiebel fein hacken. Die Mischung mit dem Kürbis-kernöl verrühren, salzen und pfeffern.

5_Die Kürbissuppe im Topf mit einem Pürierstab cremig-fein pürieren. Mit Salz, Pfeffer und Zitronensaft abschmecken. Die Suppe in Suppentassen füllen und jeweils mit etwas Gremolata garnieren. Die rest-liche Gremolata und Kürbiskernöl zum Beträufeln extra dazu servieren.

Kastanien-suppe mit Quitten

Cremig-sanfte Suppe mit säuerlichem Topping

Zutaten für 4 Personen:
1 große Quitte
1 rote Chilischote
1 Petersilienwurzel oder Pastinake
1 Zwiebel
2 Knoblauchzehen
200 g gegarte Esskastanien
  (vakuumverpackt gekauft oder
  selbst gekocht, siehe Tipp)
3 EL Butter
900 ml Gemüsebrühe
1 EL brauner Zucker | Salz
100 g Sahne | Pfeffer
frisch geriebene Muskatnuss
1 EL frisch gepresster Zitronensaft

Zubereitungszeit: 35 Minuten
Kalorien pro Portion: 290 kcal

1_Den Flaum von der Quitte mit einem weichen Küchentuch abwischen. Quitte vierteln, das harte Kerngehäuse keil-förmig herausschneiden. Quittenviertel

schälen und in dünne Spalten schneiden. Die Chilischote waschen, entstielen, entkernen und fein hacken. Die Petersilienwurzel oder Pastinake schälen und grob würfeln. Die Zwiebel und den Knoblauch schälen und fein hacken. Die Kastanien grob würfeln.

2_In einem Suppentopf etwa 1 EL Butter schmelzen. Zwiebel, Knoblauch und die Gemüsewürfel darin andünsten. Die Kastanien kurz mitdünsten. Gemüsebrühe angießen und zum Kochen bringen. Die Suppe zugedeckt bei mittlerer Hitze etwa 15 Minuten kochen lassen.

3_Inzwischen die übrige Butter mit dem Zucker in einer Pfanne schmelzen. Die Quittenspalten mit der Chili einrühren und bei mittlerer Hitze unter Rühren etwa 5 Minuten garen, bis sie goldbraun und bissfest sind, salzen.

4_Die Suppe im Topf mit dem Pürierstab cremig-fein pürieren. Sahne dazugeben und untermixen. Die Kastaniensuppe mit Salz, Pfeffer, Muskat und dem Zitronensaft abschmecken. Suppe in tiefe Teller schöpfen und jede Portion mit ein paar Quittenspalten belegen.

TIPP

Für alle, die Kastanien gern selbst garen möchten: etwa 400 g Esskastanien auf der gewölbten Seite kreuzweise einschneiden und in kochendem Wasser 30 Minuten garen. Abschrecken, schälen und die dünne braune Haut entfernen.

Steckrüben-suppe

Rustikal und schön würzig

Zutaten für 4 Personen:
600 g Steckrüben
2 Schalotten
2 Knoblauchzehen
2 EL Butter
1 l Gemüsebrühe
150 g Crème fraîche
2 TL frisch gepresster Zitronensaft
Salz
1 Stück Meerrettich (etwa 2 cm)
1 Kästchen Gartenkresse

Zubereitungszeit: 30 Minuten
Kalorien pro Portion: 240 kcal

1_Die Steckrüben schälen und in grobe Würfel schneiden. Die Schalotten und den Knoblauch schälen und fein hacken.

2_Butter in einem Suppentopf schmelzen. Die Schalotten und den Knoblauch darin andünsten. Die Steckrüben dazugeben und kurz mitdünsten. Die Gemüsebrühe angießen und zum Kochen bringen. Die Suppe zugedeckt bei geringer Hitze etwa 15 Minuten sanft köcheln lassen, bis das Gemüse schön weich ist.

3_Die Suppe im Topf mit dem Pürierstab cremig-fein pürieren. Die Crème fraîche unterrühren und die Steckrübensuppe mit Zitronensaft und Salz abschmecken. Die Suppe in tiefe Teller schöpfen. Das Meerrettichstück schälen und über die Suppe raspeln. Die Kresse vom Beet schneiden und aufstreuen.

Feldsalat mit Eier-Senf-Dressing

Knackiger Salat mit herrlich cremiger Sauce

Zutaten für 4 Personen:
6 Eier (M)
1 1/2 EL Apfelessig
1/2 EL scharfer Senf (z. B. Dijon-Senf)
1/2 EL körniger Senf
1 1/2 EL Rapsöl
75 g Sahne
Salz | Pfeffer
250 g Feldsalat

Zubereitungszeit: 20 Minuten
Kalorien pro Portion: 225 kcal

1_Die Eier anpieksen und in kochendem Wasser 6–7 Minuten sprudelnd kochen lassen, bis sie wachsweich sind. Kalt abschrecken und etwas abkühlen lassen.

2_Den Essig mit den beiden Senfsorten, dem Öl und der Sahne cremig rühren und mit Salz und Pfeffer abschmecken.

3_Vom Feldsalat alle welken Blätter aussortieren und die Wurzelenden abknipsen. Salat in stehendem kaltem Wasser so oft gründlich waschen, bis das Wasser klar bleibt. Den Salat trocken schleudern.

4_Eier schälen und nicht zu klein würfeln. Locker mit dem Feldsalat mischen und auf Teller verteilen. Dressing darüberlöffeln und den Salat gleich servieren.

Dazu passt: als Imbiss knuspriges Brot, als sättigende Hauptmahlzeit Kartoffelpuffer oder -rösti.

DIE SATTMACHER: Kartoffelpuffer

1 kg mehligkochende Kartoffeln schälen, waschen und fein raspeln. Wer mag, reibt auch 1 geschälte Zwiebel dazu. Die Masse mit Salz und Pfeffer abschmecken. In einer großen (beschichteten) Pfanne etwa 2 EL Butterschmalz schmelzen. Je 2–3 EL Kartoffelmasse als Häufchen in die Pfanne setzen und flach drücken. Die Puffer bei mittlerer Hitze 4–5 Minuten braten, umdrehen und noch einmal so lang braten.

Pastinaken-gröstl mit Pilzen

Würdiger Ersatz für die bekannte Kartoffelpfanne

Zutaten für 4 Personen:
500 g Pastinaken
400 g Champignons oder Egerlinge
1 EL frisch gepresster Zitronensaft
150 g Salami (ob mild oder pikant hängt ganz vom persönlichen Geschmack ab)
1 Zwiebel
2 EL Butter
1 TL Kümmelsamen (wer mag)
Salz | Pfeffer
2 Eier (M)
4 EL Sahne
1/2 Bund Schnittlauch oder 1 grünes Stück Frühlingszwiebel (etwa 5 cm)

Zubereitungszeit: 30 Minuten
Kalorien pro Portion: 245 kcal

1_Die Pastinaken schälen und erst längs in etwa 1/2 cm dicke Scheiben schneiden, dann in ebenso breite Streifen. Die Pilze mit feuchtem Küchenpapier sauber abreiben. Die Stielenden abschneiden, die Pilze in dünne Scheiben schneiden und mit dem Zitronensaft mischen. Die Salami in dünne Streifen schneiden. Die Zwiebel schälen, vierteln und ebenfalls in dünne Streifen schneiden.

2_Die Butter in einer großen Pfanne schmelzen. Zwiebel und Pastinaken einrühren, nach Belieben den Kümmel dazugeben und untermischen. Alles bei mittlerer Hitze unter Rühren etwa 6 Minuten braten. Die Pilze und Salami dazugeben und das Gröstl weitere 4–5 Minuten bei starker Hitze braten, bis die Pastinaken bissfest sind. Salzen und pfeffern.

3_Eier und Sahne verrühren, leicht salzen und pfeffern und über dem Gemüse verteilen. Unter Rühren stocken, aber nicht trocken werden lassen. Schnittlauch oder Frühlingszwiebelgrün abbrausen, trocken schütteln und in Röllchen schneiden. Vor dem Servieren auf das Gröstl streuen.

Dazu passt: Salat, z. B. Endivien- oder Feldsalat.

Romaneso mit Haselnussbutter

Sanft gedämpft

Zutaten für 4 Personen:
1–2 Köpfe Romanesco
  (je nach Größe, etwa 1 kg)
Salz
50 g Haselnüsse
1 große Bio-Zitrone
100 g Butter
100 g mittelalter Pecorino

Zubereitungszeit: 25 Minuten
Kalorien pro Portion: 410 kcal

1_Die äußeren Blätter und die Strünke vom Romanesco abschneiden. Die Köpfe gründlich waschen, in größere Röschen teilen und nebeneinander in einen Dämpfeinsatz legen.

2_In einem Topf Salzwasser zum Kochen bringen. Den Dämpfeinsatz in den Topf stellen oder daraufsetzen (je nach Modell) und die Romanescoröschen bei mittlerer Hitze zugedeckt im heißen Dampf in etwa 8 Minuten bissfest garen.

3_Inzwischen die Haselnüsse in dünne Scheiben schneiden oder fein hacken. Die Zitrone heiß waschen und abtrocknen, die Schale fein abreiben. Die Butter in einem kleinen Topf schmelzen, die Nüsse untermischen und bei mittlerer Hitze leicht bräunen. Die Zitronenschale unterrühren und die Butter salzen, vom Herd ziehen.

4_Den Romaneso auf vorgewärmte Teller verteilen und die Haselnussbutter gleichmäßig darüberlöffeln. Den Pecorino von der Rinde befreien und in feinen Spänen über den Romanesco hobeln.

VARIANTE: Blumenkohl mit Zitronenbröseln

Etwa 1 kg Blumenkohlröschen wie beschrieben in dem heißen Dampf in etwa 8 Minuten bissfest garen. Inzwischen 1 Bio-Zitrone heiß waschen, abtrocknen, die Schale fein abreiben. 1 dünne Stange Lauch putzen, waschen und fein hacken. 100 g Semmelbrösel in 50 g geschmolzener Butter goldbraun rösten, den Lauch kurz mitrösten. Die Zitronenschale untermischen, die Brösel salzen und auf dem Blumenkohl verteilen.

Steckrüben-gratin mit Bröseln

Schön würzig und scharf durch Zitrone und Chili

Zutaten für 4 Personen:
800 g Steckrüben
1 dünne Stange Lauch
Salz | Pfeffer
200 g Sahne
2 getrocknete Chilischoten
1 Bio-Zitrone
100 g Semmelbrösel
50 g frisch geriebener Bergkäse
50 g Butter für die Form
  und zum Belegen

Zubereitungszeit: 25 Minuten
+ 40 Minuten Backen
Kalorien pro Portion: 450 kcal

1_Die Steckrüben schälen und mit dem Gurkenhobel oder einem scharfen Messer in dünne Scheiben teilen. Vom Lauch das Wurzelbüschel und alle welken Teile abschneiden. Den Lauch der Länge nach aufschneiden und gut waschen, auch zwischen den Schichten, dann in feine Streifen schneiden.

2_Backofen auf 180 Grad vorheizen (erst später einschalten: Umluft 160 Grad). Eine ofenfeste Form dünn, aber gründlich mit Butter ausstreichen.

3_Die Steckrüben und den Lauch dach-ziegelartig in die Form schichten, dabei jede Lage mit Salz und Pfeffer würzen. Die Sahne seitlich angießen.

4_Chilischoten im Mörser fein zerstoßen. Die Zitrone heiß waschen und abtrocknen, die Schale fein abreiben. Zitronenschale und Chili mit Semmelbröseln und Käse mischen und leicht salzen. Auf dem Gratin verteilen und mit der übrigen Butter in kleinen Flöckchen belegen.

5_Die Form in den Ofen (Mitte) schieben und das Gratin etwa 40 Minuten backen, bis die Steckrüben weich sind und die Oberfläche schön gebräunt ist. Gratin kurz stehen lassen, dann servieren.

Dazu passt: Salat, z. B. Feldsalat mit Apfelwürfeln.

Kümmel-Käse-Kartoffeln

Die lassen sich auch ganz entspannt für eine große Runde machen

Zutaten für 4 Personen:
1 kg festkochende Kartoffeln
1 EL Kümmelsamen
250 g Munsterkäse (ersatzweise
  ein anderer Rotschmierkäse)
100 g Butter
Salz

Zubereitungszeit: 15 Minuten
+ 30 Minuten Kochen
+ 20 Minuten Backen
Kalorien pro Portion: 535 kcal

1_Die Kartoffeln gründlich waschen und samt der Schale in ausreichend Wasser in etwa 30 Minuten bissfest kochen. Dann abgießen und etwas ausdampfen lassen. Die Kartoffeln pellen, der Länge nach halbieren und nebeneinander in eine ofenfeste Form legen.

2_Backofen auf 200 Grad vorheizen (auch schon jetzt einschalten: Umluft 180 Grad). Den Kümmel in einer Pfanne ohne Fett bei

mittlerer Hitze etwa 1 Minute rösten, bis die Samen anfangen zu springen, dann im Mörser leicht zerstoßen. Munsterkäse und die Butter in kleine Würfel schneiden und mit dem Kümmel und etwas Salz mit einer Gabel gut vermischen, sogar ein wenig verkneten.

3_Die Kartoffeln leicht salzen, dann die Käsemischung darauf verteilen. Die Kartoffeln im Ofen (Mitte) etwa 20 Minuten backen, bis die Käsemischung zerlaufen und leicht gebräunt ist.

Dazu passt: Salat, z.B. Feldsalat mit Apfelwürfeln.

VARIANTE: Pilz-Kartoffeln
Die Kartoffeln wie beschrieben kochen, halbieren und nebeneinander in die Form legen. 400 g Champignons oder Egerlinge putzen, in etwa 1/2 cm dicke Scheiben schneiden, salzen, pfeffern und auf den Kartoffeln verteilen. 250 g würzigen Bergkäse (z.B. Greyerzer) entrinden und grob raspeln. Mit 150 g saurer Sahne oder Crème fraîche verrühren, salzen, pfeffern und auf Kartoffeln und Pilzen verteilen. Wie beschrieben backen und mit Salat schmecken lassen.

Kohlkuchen vom Blech
Knusprig-saftiger Herbstgenuss in Stücken

Zutaten für 4–6 Personen:
400 g Mehl | 1 TL Zucker
Salz | 200 ml Milch
3/4 Würfel Hefe (etwa 30 g)
50 g weiche Butter | 4 Eier (M)
1 Kopf Weiß- oder Spitzkohl (etwa 1,2 kg)
100 g durchwachsener Räucherspeck
2 TL Koriandersamen
300 g saure Sahne oder Crème fraîche
Pfeffer

Zubereitungszeit: 1 1/2 Stunden
+ 35 Minuten Backen
Kalorien pro Portion (bei 6): 580 kcal

1_In einer Schüssel das Mehl mit dem Zucker und 1 geh. TL Salz mischen. Die Milch lauwarm erhitzen, die Hefe hineinkrümeln und glatt verrühren. Hefeansatz mit Butter und 1 Ei zum Mehl geben und alles mit den Knethaken des Handrührgeräts verkneten. Der Teig soll weich sein, sich aber vom Schüsselrand lösen. Mit einem Tuch abdecken und etwa 1 Stunde an einem warmen Ort gehen lassen.

2_Inzwischen die äußeren welken Blätter vom Kohl ablösen. Den Kohl vierteln, den Strunk aus der Mitte herausschneiden. Kohl in feine Streifen schneiden oder hobeln. Den Speck klein würfeln.

3_Koriander in einer kleinen Pfanne ohne Fett bei mittlerer Hitze anrösten, dann im Mörser fein zerstoßen. Den Speck in einen großen Topf geben und bei mittlerer Hitze glasig werden lassen. Kohlstreifen untermischen und 3–4 Minuten braten, bis die Streifen leicht zusammenfallen. Koriander untermischen, salzen.

4_Backofen auf 200 Grad vorheizen (erst später einschalten: Umluft 180 Grad). Das Backblech mit Backpapier auslegen. Den Teig noch einmal durchkneten und dann direkt auf dem Blech ausrollen. Den Kohl gleichmäßig darauf verteilen.

5_Für den Guss die restlichen Eier mit saurer Sahne oder Crème fraîche glatt verrühren, salzen, pfeffern und über den Kohl gießen. Den Kuchen im Ofen (Mitte) etwa 35 Minuten backen, bis er schön gebräunt ist. Kurz stehen lassen, dann in Stücke schneiden und servieren.

Ochsenschwanzragout mit Sellerie

Braucht viel Zeit, aber wenig Aufmerksamkeit!

Zutaten für 4 Personen:
4 Stangen Staudensellerie
1 dicke Möhre | 1 Zwiebel
2 Knoblauchzehen
100 g fetter (grüner) Speck
je 2 Zweige Thymian und Rosmarin
2 kg Ochsenschwanz
Salz | Pfeffer
1 EL Mehl | 1 EL Butter
1 EL geschmacksneutrales Öl
1 EL Tomatenmark
1/2 l trockener Rotwein
2 Lorbeerblätter
1 Stück Zimtstange (etwa 2 cm)
1 TL Chiliflocken
2 TL ungesüßtes Kakaopulver
2 EL Pinienkerne

Zubereitungszeit: 50 Minuten
+ 5 Stunden Schmoren
Kalorien pro Portion: 595 kcal

1_Den Sellerie waschen, putzen und in dünne Scheiben schneiden. Die Möhre, die Zwiebel und den Knoblauch schälen, fein würfeln. Speck in dünne Scheiben, dann in dünne Streifen schneiden. Die Kräuter abbrausen und trocken schütteln, Blättchen abzupfen und fein hacken.

2_Ochsenschwanz salzen, pfeffern und mit Mehl bestäuben. Butter und Öl im Schmortopf erhitzen. Das Fleisch darin portionsweise rundherum gut anbraten, herausnehmen. Speck, Gemüse, Zwiebel, Knoblauch und die Kräuter anbraten, das Tomatenmark unterrühren. Fleisch wieder dazugeben, ein Drittel des Weins angießen und fast einkochen lassen. Nochmals ein Drittel angießen, einkochen lassen.

3_Übrigen Wein mit Lorbeer, Zimt und Chili dazugeben, salzen. Topf in den Backofen (Mitte) stellen. Ofen auf 120 Grad (Umluft 100 Grad) schalten, das Ragout etwa 5 Stunden schmoren lassen. Dabei ab und zu durchrühren und eventuell noch etwas Wasser (oder auch Wein) angießen.

4_Ochsenschwanzragout mit Kakao und Salz abschmecken. Pinienkerne in einer Pfanne ohne Fett bei mittlerer Hitze goldbraun rösten und aufstreuen.

Geschmorte Kalbsbäckchen

Beim Metzger vorbestellen!

Zutaten für 4 Personen:
800 g Kalbsbäckchen
gut 1 EL scharfer Senf (z. B. Dijon-Senf)
Salz | Pfeffer
2 Pastinaken | 2 Gelbe Beten
2 Stangen Lauch | 2 EL Butter
2 EL geschmacksneutrales Öl
1 TL Wacholderbeeren
2 Nelken
2 Lorbeerblätter
3/8 l trockener Rotwein
3/8 l Fleischbrühe
2 TL Apfel- oder Quittengelee

Zubereitungszeit: 50 Minuten
+ 2 Stunden Schmoren
Kalorien pro Portion: 465 kcal

1_Von den Kalbsbäckchen dicke Sehnen- und Fettstücke abschneiden. Bäckchen dünn mit Senf einstreichen, salzen und pfeffern. Pastinaken und Gelbe Beten schälen, vom Lauch Wurzelbüschel und welke Teile abschneiden. Den Lauch längs aufschlitzen und waschen. Je 1 Pastinake, Bete und Lauchstange klein würfeln.

2_Backofen auf 180 Grad vorheizen (erst später einschalten: Umluft 160 Grad). Je 1 EL Butter und Öl in einem Schmortopf erhitzen. Kalbsbäckchen darin portionsweise anbraten und herausnehmen. Das gewürfelte Gemüse im Bratfett andünsten. Wacholderbeeren, Nelken und Lorbeerblätter mit dem Wein und der Brühe dazugießen. Die Kalbsbäckchen wieder in den Topf geben und zugedeckt im Ofen (Mitte) etwa 2 Stunden schmoren lassen. Dabei ein- bis zweimal durchrühren.

3_Nach etwa 1 1/2 Stunden das übrige Gemüse in feine Streifen schneiden. Die restliche Butter mit dem übrigen Öl in einer Pfanne erhitzen. Gemüsestreifen einrühren und bei mittlerer Hitze unter Rühren in etwa 5 Minuten bissfest braten. Salzen und pfeffern.

4_Kalbsbäckchen aus der Sauce heben und im Ofen warm stellen. Sauce durch ein Sieb in einen kleinen Topf gießen (das Gemüse im Sieb gut ausdrücken) und bei starker Hitze leicht einkochen lassen. Mit dem Apfel- oder Quittengelee, Salz und Pfeffer abschmecken, mit den Gemüsestreifen mischen und über die Kalbsbäckchen geben.

Wildsteaks mit Zwetschgen

Würzig-Fruchtiges für besondere Tage

Zutaten für 4 Personen:
1 Stück Bio-Orangenschale
  (etwa 2 cm)
1 kleines Stück getrocknete
  Chilischote (etwa 1 cm)
1 TL Wacholderbeeren
2 TL grobes Salz
4–8 Hirsch- oder Rehmedaillons
  (je nach Größe, 2–3 cm dick, aus
  der Mitte geschnitten)
250 g Zwetschgen
2 EL geschmacksneutrales Öl
1 EL Zucker
1/8 l trockener Rotwein
1/8 l Wild- oder Kalbsfond
  (aus dem Glas)
1 EL Butter
Salz | Pfeffer

Zubereitungszeit: 30 Minuten
Kalorien pro Portion: 275 kcal

1_Die Orangenschale fein hacken und mit dem Chilistück, den Wacholderbeeren und dem Salz im Mörser fein zerstoßen. Die Hirsch- oder Rehmedaillons auf beiden Seiten damit einreiben.

2_Backofen auf 180 Grad vorheizen (auch schon jetzt einschalten: Umluft 160 Grad). Die Zwetschgen waschen, halbieren, entsteinen und klein würfeln.

3_In einem kleinen Topf 1 EL Öl erhitzen. Die Zwetschgen mit dem Zucker darin anbraten. Mit dem Wein und dem Fond aufgießen und offen bei mittlerer Hitze etwa 10 Minuten vor sich hin kochen lassen.

4_Das restliche Öl und die Butter in einer ofenfesten großen Pfanne erhitzen. Darin die Medaillons bei starker Hitze pro Seite 1 Minute braten. Die Pfanne in den Ofen (Mitte) stellen und die Wildmedaillons in etwa 7 Minuten fertig braten. Zwetschgen mit Salz und Pfeffer abschmecken und zu den Steaks servieren.

Lauwarmer Spitzkohlsalat mit Fisch

So schmeckt Fisch besonders gut: mit knuspriger Haut und zartem Fleisch

Zutaten für 4 Personen:
1 Kopf Spitzkohl (etwa 800 g)
1 dünne Stange Lauch | Salz
1/4 Bund Petersilie
2 EL frisch gepresster Zitronensaft
Pfeffer
1 Prise gemahlener Koriander
1 TL Harissa oder Sambal oelek (scharfe Gewürz- bzw. Chilipaste, wer mag)
7 EL Rapsöl
4 Stücke Zanderfilet (mit Haut, je etwa 180 g)

Zubereitungszeit: 35 Minuten
Kalorien pro Portion: 350 kcal

1_Alle welken Blätter vom Kohl ablösen. Den Kohl durch den Strunk vierteln, den Strunk jeweils herausschneiden. Die Kohlviertel waschen und in 1 cm breite Streifen schneiden. Vom Lauch das Wurzelbüschel und alle welken Teile abschneiden. Den Lauch längs aufschlitzen und gründlich waschen, auch zwischen den Schichten, dann in dünne Streifen schneiden.

2_In einem großen Topf reichlich Wasser zum Kochen bringen, salzen. Inzwischen Petersilie abbrausen, trocken schütteln und die Blättchen fein hacken. Zitronensaft mit Salz, Pfeffer, Koriander, Harissa oder Sambal oelek und nach und nach 4 EL Rapsöl zu einer Sauce verrühren.

3_Kohl ins kochende Salzwasser geben und in etwa 4 Minuten bissfest kochen. Lauch dazugeben, kurz aufkochen lassen.

4_Während das Gemüse gart, Fischfilets auf der Hautseite mit dem restlichen Öl einstreichen, mit Salz und Pfeffer würzen. Eine große Pfanne erhitzen. Die Filets mit der Haut nach unten einlegen und bei mittlerer bis starker Hitze etwa 4 Minuten braten. Umdrehen und bei geringer Hitze in etwa 2 Minuten fertig garen.

5_Gemüse abgießen, abtropfen lassen und mit der Sauce mischen, abschmecken. Die Zanderfilets auf vorgewärmte Teller geben und mit dem Kohlsalat servieren.

Dazu passt: knuspriges Brot.

Fischgulasch mit Zwiebeln

Ungarisch abgeschmeckt

Zutaten für 4 Personen:
700 g Fischfilets (ohne Haut; z. B. Zander, Hecht oder Lachsforelle)
1 EL frisch gepresster Zitronensaft
2 EL edelsüßes Paprikapulver
400 g Zwiebeln
2 Knoblauchzehen
1 EL Butter
1 EL geschmacksneutrales Öl
2 TL Kümmel- oder Koriandersamen
1 TL rosenscharfes Paprikapulver
1 EL Tomatenmark
1/4 l Fischfond (aus dem Glas)
Salz | Pfeffer
1/4 Bund Petersilie oder Schnittlauch
100 g saure Sahne

Zubereitungszeit: 30 Minuten
Kalorien pro Portion: 275 kcal

1_Mit den Fingern über die Fischfilets streifen. Falls Gräten zu spüren sind: Fischfleisch rund um die Gräte mit den Fingerspitzen fixieren und die Gräte mit einer Pinzette vorsichtig herausziehen.

Den Fisch waschen, trocken tupfen und in etwa 2 cm große Würfel schneiden. Die Fischwürfel mit dem Zitronensaft und 1 EL edelsüßem Paprikapulver vermischen.

2_Die Zwiebeln schälen, vierteln und in dünne Streifen schneiden. Den Knoblauch schälen und in dünne Scheiben schneiden.

3_Die Butter und das Öl in einem Topf erhitzen. Darin Zwiebeln und Knoblauch mit Kümmel oder Koriander anbraten. Das restliche edelsüße Paprikapulver mit dem rosenscharfen Paprikapulver und Tomatenmark kurz mitrösten, Fischfond angießen. Alles salzen, pfeffern und zugedeckt bei geringer Hitze etwa 10 Minuten schmoren lassen.

4_Die Fischfiletwürfel salzen, auf die Zwiebeln legen, zudecken und in etwa 4 Minuten gar ziehen lassen.

5_Inzwischen Petersilie oder Schnittlauch abbrausen und trocken schütteln. Petersilienblättchen fein hacken, Schnittlauch in Röllchen schneiden. Mit der sauren Sahne sehr vorsichtig unters Gulasch mischen.

Dazu passt: Salzkartoffeln.

Pilzragout mit Sahne

Mit Wild- oder Zuchtpilzen gleichermaßen fein

Zutaten für 4 Personen:
800 g gemischte Waldpilze (das Richtige für echte Pilzkenner, die ganz sicher bei der Auswahl sind), Steinpilze oder Zuchtpilze
2 Schalotten
2 Knoblauchzehen
1 kleines Bund Petersilie
2 EL Butter
2 TL Mehl
100 ml trockener Weißwein oder Gemüsebrühe
150 g Sahne
Salz | Pfeffer
1 EL frisch gepresster Zitronensaft

Zubereitungszeit: 30 Minuten
Kalorien pro Portion: 230 kcal

1_Von den Pilzen alle schlechten Stellen mit dem Messer abschneiden. Die Pilze mit feuchtem Küchenpapier sauber abreiben und in feine Scheiben schneiden.

2_Die Schalotten und den Knoblauch schälen und fein schneiden oder hacken. Die Petersilie abbrausen und gut trocken schütteln, die Blättchen von den Stängeln zupfen und fein hacken.

3_Die Butter in einer Pfanne schmelzen. Die Schalotten und den Knoblauch darin andünsten. Die Pilze dazugeben und bei starker Hitze unter Rühren etwa 5 Minuten braten, bis sie zusammengefallen sind. Dann Mehl über die Pilze stäuben und anbraten. Mit Wein oder Brühe und Sahne aufgießen und offen etwa 5 Minuten bei mittlerer Hitze kochen lassen.

4_Zum Schluss die Petersilie unter die Pilze mischen und das Ragout mit Salz, Pfeffer und Zitronensaft abschmecken. Gleich auf den Tisch stellen.

Dazu passt: Zanderfilet (wie links beschrieben) oder Brezenknödel (Seite 103, ohne Sauerkraut zubereitet).

Pfälzer Dampfnudeln

Werden in ihrer Heimat auch mit Kartoffelsuppe gegessen. Wir mögen Weinsauce lieber!

Zutaten für 6 Personen:
Für die Dampfnudeln:
1/4 l Milch │ 1 Würfel Hefe (42 g)
2 EL Zucker │ 70 g weiche Butter
500 g Mehl │ 1 Ei (M) │ 1 TL Salz
Für die Weinsauce:
5 sehr frische Eier (M)
100 g Zucker
1/2 l trockener Weißwein
(z. B. Grau- oder Weißburgunder)

Zubereitungszeit: 45 Minuten
+ 1 Stunde Gehen
Kalorien pro Portion: 625 kcal

1_Die Milch lauwarm erhitzen. Die Hefe zerkrümeln, mit 1 EL Zucker in die Milch rühren und 10 Minuten stehen lassen.

2_Dann 50 g Butter, Mehl und Ei in eine Schüssel geben, Hefeansatz dazugießen. Alles mit den Knethaken des Handrührgräts zu einem glatten Teig verkneten. Zudecken und 45 Minuten gehen lassen.

3_Den Teig in zwölf Portionen teilen und jede Portion mit bemehlten Händen rund formen. Die Teigkugeln auf einem Küchentuch weitere 15 Minuten gehen lassen.

4_In einem großen niedrigen Topf (es müssen alle Nudeln nebeneinander Platz finden, am besten mit Glasdeckel) übrige Butter mit restlichem Zucker schmelzen. Die Teigkugeln hineinsetzen, bei mittlerer Hitze kurz anbraten. 1/4 l Wasser mit Salz verrühren und angießen (es soll etwa 2 cm hoch in dem Topf stehen). Den Deckel auflegen, Hitze klein stellen und die Nudeln 20–25 Minuten garen, bis die ganze Flüssigkeit aufgesogen ist und die Nudeln aufgegangen sind. Deckel keinesfalls öffnen!

5_Inzwischen für die Sauce 4 Eier trennen und die Eiweiße steif schlagen. In einem Topf Eigelbe mit übrigem Ei und Zucker gut verquirlen. Den Wein unterrühren und alles bei geringer Hitze unter ständigem Rühren sanft warm werden lassen, bis die Mischung dickflüssig wird. Nicht kochen! Den Eischnee unterheben.

6_Die Dampfnudeln aus Pfanne oder Topf heben und in tiefe Teller setzen, die Weinsauce danebengießen.

Zwetschgenknödel

Süßes Leben auf dem Land

Zutaten für 8 Stück:
1 kg mehligkochende Kartoffeln
Salz │ 8 Zwetschgen
8 Stück Würfelzucker
80 g Mehl │ 80 g Weichweizengrieß
80 g Speisestärke
1–2 Eier (M) │ 150 g Butter
70 g Semmelbrösel
5 EL Puderzucker

Zubereitungszeit: 1 Stunde
+ 20–30 Minuten Garen
+ über Nacht Auskühlen
Kalorien pro Stück: 425 kcal

1_Am Vortag die Kartoffeln gründlich waschen und samt Schale in ausreichend Salzwasser in 20–30 Minuten bissfest kochen. Dann abgießen, kurz ausdampfen lassen und noch heiß pellen. Über Nacht auskühlen lassen.

2_Am nächsten Tag Zwetschgen waschen, längs aufschlitzen, leicht aufklappen und die Steine entfernen. Stattdessen jeweils 1 Würfelzucker in die Früchte stecken.

3_Die Pellkartoffeln grob raspeln. Mehl, Grieß und Stärke mischen und locker mit etwas Salz unter die Kartoffeln mengen, zum Schluss noch 1 Ei untermengen. Für einen Probeknödel: In einem weiten Topf reichlich Salzwasser aufkochen. Wenig Teig abnehmen, zu einer kleinen Kugel formen, in das Wasser geben und etwa 5 Minuten bei geringer Hitze sanft garen bzw. ziehen lassen. Den Knödel herausnehmen und testen – ist er zu fest, noch etwas Ei unter den Teig arbeiten, ist er zu weich, noch etwas Stärke.

4_Dann aus dem Teig auf der bemehlten Arbeitsfläche eine etwa 5 cm dicke Rolle formen und in 8 gleich große Stücke teilen. In jedes Stück eine tiefe Mulde drücken, 1 Zwetsche hineingeben und die Teigstücke mit bemehlten Händen zu glatten Knödeln formen. Die Knödel wie oben beschrieben etwa 20 Min. garen.

5_Inzwischen Butter schmelzen, mit den Bröseln und 4 EL Puderzucker mischen. Knödel aus dem Wasser heben, abtropfen lassen und auf Teller verteilen. Die Bröselbutter daraufgeben und alles mit dem übrigen Puderzucker bestäuben.

Zwetschgendatschi

Ein ganzes Blech voll Kuchenglück

Zutaten für 1 Backblech (16 Stück):
Für den Teig:
200 ml Milch
3/4 Würfel Hefe (etwa 30 g)
50 g Zucker | 50 g Butter
400 g Mehl | 1 Prise Salz | 1 Ei (M)
Für den Belag:
etwa 1 1/2 kg Zwetschgen
150 g Walnusskerne oder
  gehäutete Mandeln
100 g Zucker | 1 TL Zimtpulver

Zubereitungszeit: 40 Minuten
+ 1 1/2 Stunden Gehen
+ 30 Minuten Backen
Kalorien pro Stück: 265 kcal

1_Für den Teig Milch lauwarm erhitzen. Die Hefe zerkrümeln und mit 1 TL Zucker in 5 EL Milch anrühren. Butter in der restlichen warmen Milch schmelzen lassen.

2_Das Mehl mit Salz und übrigem Zucker in einer Schüssel mischen. Hefeansatz, die Milch mit der Butter und das Ei dazugeben und alles mit den Knethaken des Handrührgeräts zu einem glatten Teig verkneten. Zugedeckt an einem warmen Ort etwa 1 Stunde gehen lassen, bis sich das Teigvolumen etwa verdoppelt hat.

3_Backblech mit Backpapier auslegen. Den Teig noch einmal durchkneten und direkt auf dem Blech ausrollen. Weitere 30 Minuten gehen lassen.

4_Den Backofen auf 200 Grad vorheizen (erst später einschalten: Umluft 180 Grad). Zwetschgen waschen, längs einschneiden, aufklappen und entsteinen. Zwetschgen leicht überlappend dicht an dicht auf den Teig legen. Kuchen im Ofen (Mitte) etwa 15 Minuten backen. Inzwischen Walnüsse oder Mandeln fein hacken und mit Zucker und Zimt mischen.

5_Nussmischung auf die Zwetschgen streuen und den Kuchen noch einmal etwa 15 Minuten backen, bis er schön gebräunt ist. Auskühlen lassen und in Stücke schneiden.

Dazu passt: Schlagsahne.

Kartoffeln aus der Glut

Früher wurde das Kartoffel-laub nach der Ernte abge-brannt und übrige Kartoffeln darin geröstet. Heute gibt es sie vom Grill.

Zutaten für 4 Personen:
8 vorwiegend festkochende Kartoffeln (je etwa 180 g)
4 Zweige Rosmarin oder Thymian, grobes Salz oder Chiliflocken (wer mag)
8 Bögen extrastarke Alufolie (etwa 30 x 30 cm)

Zubereitungszeit: 5 Minuten
+ 40 Minuten Grillen
Kalorien pro Portion: 195 kcal

1_Holzkohlegrill oder das Lagerfeuer anheizen. Kartoffeln gründlich waschen und sauber bürsten. Jede Kartoffel auf Alufolie legen. Eventuell Rosmarin oder Thymian abbrausen, trocken schütteln, in kleine Stücke schneiden und die Kar-toffeln damit belegen. Wer möchte, be-streut sie auch noch mit Salz oder Chili.

2_Kartoffeln in die Folie wickeln und in die Glut legen. Nach etwa 40 Minuten sind sie durch und durch gegart, dabei ab und zu auch mal umdrehen.

TIPP
Auch im Ofen werden die Kartoffeln gar, bekommen dort aber keine schöne braune Kruste: Die eingewickelten Kartoffeln im 220 Grad heißen Backofen (Mitte, Umluft 200 Grad) etwa 1 Stunde backen.

Schnittlauch-schmand

Klassiker zu Ofenkartoffeln

Zutaten für 4 Personen:
1 Frühlingszwiebel
1 großes Bund Schnittlauch
300 g Schmand | 100 g saure Sahne
2 TL geschmacksneutrales Öl
Salz | Pfeffer

Zubereitungszeit: 10 Minuten
Kalorien pro Portion: 235 kcal

1_Den knackigen grünen Teil von der Frühlingszwiebel abschneiden, putzen, waschen und in feine Ringe schneiden. (Den Rest der Zwiebel anderweitig ver-wenden). Den Schnittlauch abbrausen, trocken schütteln und in kleine Röllchen schneiden.

2_Den Schmand mit der sauren Sahne und dem Öl glatt verrühren. Den Schnitt-lauch und das Zwiebelgrün untermischen und den Schmand mit Salz und Pfeffer abschmecken.

Dazu passt: Kartoffeln aus der Glut (ein-fach in der Mitte längs einschneiden, vor-sichtig aufklappen, salzen und den Schnitt-lauchschmand darüberlöffeln).

VARIANTE: Apfelschmand
1 großen säuerlichen Apfel vierteln, schälen und vom Kerngehäuse befreien. Apfel fein raspeln und mit 1 EL frisch ge-presstem Zitronensaft mischen. 300 g Schmand mit 100 g saurer Sahne und 2 TL frisch geriebenem Meerrettich verrühren. Apfel mit 1 EL Schnittlauchröllchen unter-mischen, mit Salz und Pfeffer würzen.

Kräuter-Salz-Butter

Frisch und würzig

Zutaten für 4 Personen:
1 Bund gemischte Kräuter
  (z. B. für grüne Sauce)
2 TL Kapern (am besten in Salz
  eingelegte)
1 Stück Bio-Zitronenschale (etwa 2 cm)
1 TL mittelgrobes Salz
125 g weiche Butter

Zubereitungszeit: 10 Minuten
Kalorien pro Portion: 250 kcal

1_Die Kräuter abbrausen und trocken schütteln, die Blättchen abzupfen und fein hacken. Die Kapern in einem Sieb abbrausen, abtropfen lassen und mit der Zitronenschale fein schneiden.

2_Das Salz in einem Mörser noch etwas feiner zerkleinern. Salz mit den Kräutern und der Kapernmischung unter die Butter kneten. Eventuell kurz kalt stellen.

Dazu passt: Kartoffeln aus der Glut aufschneiden, die Kräuter-Salz-Butter dazu essen; siehe auch links.

VARIANTE: Paprikabutter
1 rote Paprikaschote putzen, waschen und sehr fein würfeln. 1/2 Chilischote waschen, entstielen und mit den Kernen sehr fein hacken. 4 Stängel Petersilie abbrausen, trocken schütteln und die Blättchen hacken. Mit Paprika und Chili unter 125 g weiche Butter kneten. Mit Salz und 1 TL edelsüßem Paprika würzen.

Käsetatar

Zart-schmelzend

Zutaten für 4 Personen:
150 g mittelalter Bergkäse oder Gouda
2 Frühlingszwiebeln oder 1 rote Zwiebel
150 g geröstete, gehäutete Paprikaschoten (aus dem Glas oder von der
  Feinkosttheke)
4 Stängel Petersilie oder Basilikum
2 EL Olivenöl
Salz | Pfeffer

Zubereitungszeit: 15 Minuten
Kalorien pro Portion: 250 kcal

1_Den Käse von der Rinde befreien und sehr klein würfeln oder grob raspeln. Von den Frühlingszwiebeln die Wurzelbüschel und alle welken Teile abschneiden. Die Zwiebeln waschen und sehr fein hacken. Oder die rote Zwiebel schälen und in sehr kleine Würfel schneiden.

2_Die Paprikaschoten abtropfen lassen und fein schneiden. Petersilie oder Basilikum abbrausen und trocken schütteln, die Blättchen abzupfen und fein schneiden.

3_Den Käse, Frühlingszwiebeln oder rote Zwiebel, Paprika und Petersilie oder Basilikum mit dem Öl verrühren. Das Tatar mit Salz und Pfeffer abschmecken.

Dazu passt: Kartoffeln aus der Glut aufschneiden, Tatar darauflöffeln und kurz anschmelzen lassen; siehe auch links.

VARIANTE: Fetatatar
200 g Schafskäse (Feta) klein zerkrümeln. 2 scharfe eingelegte Peperoni mit 150 g gerösteten, gehäuteten Paprikaschoten hacken und mit 2 EL Schnittlauchröllchen und 50 g Naturjoghurt unter den Käse mischen. Mit Salz und ein wenig gemahlenem Koriander abschmecken.

Winter

Wangenglühen + Glühweinziehen + weiß und ruhig liegt der Schnee +
heiß und würzig ist der Tee + Gänsebraten + Geschenkeraten + wer bis
jetzt keinen Fisch gegrillt hat, kann's immer noch machen + Stille Nacht +
Stollensucht + der Duft von Esskastanien + wir fahren nicht nach Spanien
+ wir rodeln lieber mit der Vroni, und nachher gibt's dann halt: Maroni

Die Top 10 im Winter

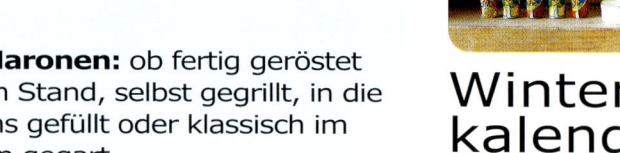

1 Wärmende Gewürze: Anis, Ingwer, Kardamom, Koriander, Muskat, Nelken, Safran, Vanille und Zimt.

2 Zitrusfrüchte: Clementinen, Grapefruits, Kum- und Limquats, Limetten, Mandarinen, Orangen, Satsumas und Zitronen.

3 Trocken- und kandierte Früchte: Äpfel, Aprikosen, Birnen, Feigen und Pflaumen, Korinthen, Rosinen und Sultaninen, Orangeat und Zitronat.

4 Kohl/Kraut: weiß, rot oder grün; Rosenkohl, Wirsing und Sauerkraut.

5 Schwarzwurzeln: viel Erde und Mühe, aber einmaliger Geschmack.

6 Maronen: ob fertig geröstet vom Stand, selbst gegrillt, in die Gans gefüllt oder klassisch im Ofen gegart.

7 Edles aus dem Wasser: Karpfen und Hecht, aber auch Austern und Krustentiere dürfen zumindest an Weihnachten mal country und basic sein.

8 Wildes aus Wald und Flur: Hirsch, Hase, Wildschwein, Fasan und Rebhuhn.

9 Schokolade: Weil sie in der kalten Jahreszeit die Seele aufhellt und wärmt und eh nicht zu umgehen ist.

10 Und feine Weine, vor allem wenn sie hübsch schäumen.

Winterfest-kalender

Winteranfang
- am 21. oder 22. Dezember, wenn die Sonne senkrecht überm südlichen Wendekreis steht
- meteorologisch am 1. Dezember
- alles Gute kommt aus dem Ofen – vom Braten bis zum Plätzchen
- wir empfehlen: Schweinebraten (Seite 105)

Wintersonnenwende
- der Tag mit der längsten Nacht, mit dem der Winter beginnt (siehe oben)
- sie gilt auch als der erste der Rauhnacht-Tage
- man kann sich an einer Tafel zu einem puren Essen (Advent ist Fastenzeit) mit all denen treffen, die einem wichtig und Weihnachten nicht da sind
- wir empfehlen: Grünkohl mit Quark (Seite 102)

Neujahrstag
- Silvester ist ja für viele ein eher schwieriges Fest, vor allem was den Tag danach betrifft. Warum dann den nicht zum Feiern nutzen?
- Willkommen statt Abschied, neu statt alt – das ist das Motto am 1. Januar, also gibt es tagsüber Brunch, Mittagessen oder Kaffeetrinken
- ein Brauch ist, dass Patenkinder an diesem Tag ihre Paten beschenken. Geht auch prima weniger formell: einfach die Leute verwöhnen, denen man im letzten Jahr dankbar war.
- wir empfehlen: Forelle mit Würzöl (Seite 106)

Das erste Mal
- erste Schneemorgen, Winterstiefelausflüge, Plätzchenbackrunden
- die erste Eispfütze eingetreten, den ersten (guten) Glühwein getrunken
- die beste Zeit für alles, was wärmt – von herzhaft bis edel
- wir empfehlen: schnell weiterblättern

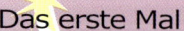
Gemüsekiste

Unsere Lieblinge der Saison:
Nüsse

Das sind sie: Für Botaniker eine bunte Patchworkfamilie, für uns eine knackige Auswahl, die gerade im Winter viel Geschmack und Gesundheit ins Essen bringt (wertvolle Fettsäuren, Vitamin B, gutes Eiweiß). Sie hören auf Vornamen wie Cashew, Erd, Hasel, Macadamia, Para, Pekan oder Wal.

Dann sind sie gut: Wenn sie frisch sind (viele Nüsse gibt's von September bis in den Winter hinein). Wenn sie getrocknet und unbehandelt (z. B. nicht geschwefelt) sind. Wenn man sie so »komplett« wie möglich kauft und selbst verarbeitet.

Das machen wir mit ihnen: Getrocknet halten sie samt Schale in Dosen oder Tüten verschweißt viele Monate. Einmal offen sollte man sie bald essen, immer wieder fest verschließen und dunkel, kühl und trocken lagern. Geöffnet werden sie mit dem Nussknacker Ihres Vertrauens, dann ganz verwenden, hacken oder mahlen. Rösten in Pfanne oder Ofen steigert ihr Aroma.

Das mögen sie: solo geknabbert werden; Müsli-Kombi sein; in süßes und pikantes Gebäck und in Mehlspeisen integriert werden; in Salaten, Suppen, Gemüse- und Nudelgerichten ein knackiges Kontra setzen; in goldbraunen Gratinkrusten und Schnitzelpanierungen überraschen; als kalt gepresstes Öl bereichern.

Das mögen sie dazu: alle Früchte von trocken (z. B. Aprikosen, Feigen, Sultaninen) bis frisch (z. B. Äpfel, Birnen); Gewürze, Kräuter und Gemüse mit Kraft; alles, was süß ist.

Das mögen sie nicht: Ewig offen in der Backschublade herumliegen oder gar -fliegen, vor allem, wenn sie bereits zerkleinert gekauft wurden.

Wir trinken:
Eggnog

Nicht nur bei englischsprachigen Familien ein Xmas-Klassiker, der allerdings definitiv nichts für Kinder ist – Versionen ohne Alkohol haben sich nicht bewährt. Da Zucker und Ei diesen im Original charmant verstecken, müssen auch Erwachsene damit gut achtgeben. Dieses Rezept stammt von einer anglophilen deutschen Familie. Für 4 Gläser (je 1/4 l) werden 4 Eier (M) getrennt und die Eigelbe mit 1 Prise Salz schaumig geschlagen, dabei 100 g Zucker einrieseln lassen, bis alles dickcremig ist. Dann 150 ml Whisk(e)y, 50 ml Rum und 300 ml Milch einrühren. Eiweiße mit 1 Pck. Vanillezucker steif schlagen, ebenso 200 g Sahne, beides unterziehen. Eggnog auf die Gläser verteilen und mit frisch (!) geriebener Muskatnuss bestreuen.

3 tolle Trios

Kürbis + Knoblauch + Käse: z. B. Hokkaido-kürbis in Spalten mit Knoblauchöl marinieren, dann grillen und heiß direkt auf dem Teller mit altem Gouda überraspeln.

Lachs + Orange + Brandy: z. B. abgeriebene Bio-Orangenschale mit Orangensaft erhitzen, Brandy einrühren und Lachsfilet samt Haut darin einlegen. Auf der Haut knusprig grillen, mit Chicoréesalat servieren.

Schwein + Birne + Anis: z. B. 4 ungeschälte Birnenhälften und 2 Sternanise in 1 l Apfelsaft aufkochen. 1 Schweinfilet in zweifingerdicke Scheiben schneiden und über Nacht im abge-kühlten Saft marinieren. Dann die Medaillons und Birnen grillen, salzen und pfeffern.

Jetzt im **Winter** grillen

Maroni vom Grill

Werde dein eigener Maroni-Brater: Pro Person 8–10 Maroni (Esskastanien) auf der gewölbten Seite kreuzweise einschneiden und 30 Minuten in warmem Wasser einlegen. Inzwischen den Grill anheizen. Dann Maroni abtropfen lassen und in eine Grill-Aluschale geben. Die Schale auf den Rost setzen (etwa 20 cm Abstand zur Glut) und abdecken – entweder mit dem Deckel des Grills oder einer großen Metallschüssel. Alle 5 Minuten die Maroni mit etwas Wasser einsprühen, nach 20–30 Minuten sind sie fertig zum Schälen.

TIPP fürs Wintergrillen im Schnee

Je nach Außentemperatur und der Hitze der Glut können die Garzeiten variieren. Also am besten immer dabeibleiben und aufpassen, dass nichts verbrennt. Eventuell das Grillgut auch einen heißeren oder kühleren Platz auf dem Rost verschieben.

Gegrillte Entenbrustfilets mit Lauch

4 Entenbrustfilets (je 200 g) auf der Hautseite kreuzweise einschneiden. 1 TL Steakpfeffer, 1 TL Salz, 1 EL edelsüßes Paprikapulver, 1/2 TL Zimtpulver und 1/4 TL Cayennepfeffer mischen, die Filets damit einreiben und 30 Minuten ruhen lassen. Von 1 Stange Lauch das Wurzelbüschel und den welken grünen Teil abschneiden. Den Lauch der Länge nach halbieren und gründlich waschen, auch zwischen den Schichten. Lauch in breite Streifen schneiden. Grill anheizen. Die Filets trocken tupfen und mit der Haut nach unten in eine Alu-Grillschale legen. Schale auf den Rost setzen und die Filets in 6–8 Minuten knusprig anbraten (etwa 20 cm Abstand zur Glut). Entenbrustfilets wenden und den Lauch dazugeben, mit einer zweiten Grillschale gut abdecken. Schale an eine weniger heiße Stelle schieben und Filets und Lauch 20–25 Minuten grillen, bis die Filets rosa sind. Dann noch etwa 5 Minuten ruhen lassen. Entenfilets dünn aufschneiden und mit dem Lauch servieren.

Krenwürstl

Weckt den Wiener auch im Winter: 150 g Zwiebeln und 1 Knoblauchzehe schälen und möglichst fein würfeln. 2 Bund glatte Petersilie abbrausen und trocken schütteln, die Blättchen fein hacken. Allessamt 4 EL frisch geriebenem Meerrettich (aus dem Glas geht zur Not auch) unter 600 g gemischtes Hackfleisch mengen. Kraftvoll mit Salz und Pfeffer abschmecken. Aus der Masse kleine, gut daumengroße Würstchen formen und 2 Stunden zugedeckt kalt stellen. Den Grill anheizen. Würstchen rundherum mit geschmacksneutralem Öl bestreichen, auf den Rost legen (etwa 20 cm Abstand zur Glut) und unter mehrmaligem Wenden grillen, bis sie nach 6–8 Minuten gar und goldbraun sind. Mit scharfem Senf servieren.

Cordon bleu vom Zander

Mal etwas anderes in der Folie: 8 kleine Stücke Zanderfilet (je etwa 50 g) mit Salz, Pfeffer und frisch gepresstem Zitronensaft würzen. Auf 4 der Filets je 1 Salbeiblatt, 1 Scheibe Lachsschinken und Butterkäse legen. Mit den übrigen Filets abdecken und in jeweils einen gebutterten Bogen Alufolie (etwa 20 x 20 cm) einschlagen und wie ein Päckchen verschließen. Den Grill anheizen. Die Folienpäckchen in einer Alu-Grillschale auf den nicht zu heißen Grill setzen (etwa 20 cm Abstand zur Glut) und den Fisch 10–12 Minuten garen. Baguette in Scheiben schneiden und auf beiden Seiten knusprig rösten, zum Cordon bleu servieren. Ein Mayo-Dipp mit Senf drin passt dazu.

Rote-Bete-Orangen-Salat

Vitaminschub in der kalten Jahreszeit

Zutaten für 4 Personen:
500 g Rote Beten (möglichst gleich große Knollen kaufen!)
1 rote Zwiebel
1 Bio-Orange
1 Kästchen Gartenkresse oder Senfsprossen (gibt's immer mal wieder im Bioladen)
2 EL Apfelessig
1 TL Honigsenf
Salz | Pfeffer
1 Prise gemahlener Koriander
4 EL geschmacksneutrales Öl

Zubereitungszeit: 25 Minuten
+ 40–60 Minuten Kochen
Kalorien pro Portion: 135 kcal

1_Die Roten Beten waschen und samt Schale in reichlich kochendem Wasser (die Knollen sollen damit bedeckt sein) zugedeckt bei geringer bis mittlerer Hitze in 40–60 Minuten (hängt von der Knollengröße ab) weich garen. Sie lassen sich dann mit dem Messer leicht einstechen.

2_Dann das Wasser abgießen und die Roten Beten lauwarm abkühlen lassen.

3_Inzwischen die Zwiebel schälen und fein würfeln. Die Orange heiß waschen und abtrocknen, die Schale fein abreiben. Die Orange halbieren und aus 1 Hälfte den Saft auspressen. Die Schale von der anderen Hälfte so abschneiden, dass auch die weiße Haut mit entfernt wird. Fruchtfleisch zwischen den Trennhäuten herausschneiden. Die Gartenkresse oder die Senfsprossen mit der Küchenschere vom Beet schneiden.

4_Die Roten Beten schälen und erst in dünne Scheiben, dann in breite Streifen schneiden – dazu am besten Einmalhandschuhe anziehen, da die Knollen sehr stark färben.

5_Für die Salatsauce den Essig mit dem Orangensaft, dem Honigsenf, Salz, Pfeffer und Koriander mit einer Gabel verrühren. Das Öl nach und nach unterschlagen, bis eine cremige Sauce entstanden ist. Die Roten Beten, die Orangenstücke und die Sauce mischen. Salat abschmecken und mit Kresse oder Sprossen bestreuen.

Lauwarmer Schwarzwurzelsalat

Ungewöhnliche Vorspeise für die Wintermonate

Zutaten für 4 Personen:
4 EL Weißweinessig oder frisch gepresster Zitronensaft
600 g Schwarzwurzeln
4 EL Kürbiskerne
1 TL grobkörniger Senf
Salz | Pfeffer
4 EL geschmacksneutrales Öl
2 EL Kürbiskernöl
ein paar Radicchioblätter zum Anrichten
1 TL Zucker

Zubereitungszeit: 30 Minuten
Kalorien pro Portion: 215 kcal

1_In einer Schüssel 1 l Wasser mit 2 EL Weinessig oder Zitronensaft verrühren. Die rohen Schwarzwurzeln geben beim Schälen einen milchigen Saft ab, der die Hände braun färbt: entweder direkt unter dem kalten Wasserstrahl schälen, dann wird der Saft gleich abgespült, oder Einmalhandschuhe anziehen.

2_Die Schwarzwurzeln mit einem Spar-
schäler schälen, die Enden abschneiden.
Die Schwarzwurzeln leicht schräg in knapp
1 cm dicke Scheiben schneiden und sofort
ins gesäuerte Wasser legen, damit sie sich
nicht verfärben.

3_Kürbiskerne in einer Pfanne ohne Fett
bei mittlerer Hitze 1–2 Minuten rösten.
Auf einem Teller beiseitestellen. Für die
Sauce restlichen Essig oder Zitronensaft
mit Senf, Salz und Pfeffer mit einer Gabel
verrühren. 2 EL geschmacksneutrales Öl
und Kürbiskernöl unterschlagen.

4_Radicchioblätter abbrausen, trocken
tupfen und die Teller damit auslegen. Das
übrige Öl in der Pfanne erhitzen. Schwarzwurzeln in einem Sieb sehr gut abtropfen
lassen, dann mit dem Zucker in dem Öl
bei mittlerer Hitze in 10–12 Minuten unter
Rühren bissfest braten. Mit der Sauce vermischen. Den Salat abschmecken und auf
dem Radicchio verteilen, die Kürbiskerne
aufstreuen. Fertig!

TIPP
Dünne Speck- oder Baconscheiben in
einer Pfanne ohne Fett bei mittlerer Hitze
knusprig auslassen. Auf den Salat legen.

Winterrettich-Apfel-Rohkost
Extrawürzig

Zutaten für 4 Personen:
400 g schwarzer Winterrettich
Salz
2 säuerliche Äpfel
100 g Naturjoghurt
1 EL frisch gepresster Zitronensaft
2 TL scharfer Senf (z. B. Dijon-Senf)
2 TL flüssiger Honig
1/2 Bund Schnittlauch oder
  1 Kästchen Gartenkresse

Zubereitungszeit: 20 Minuten
Kalorien pro Portion: 80 kcal

1_Den Rettich schälen und erst in feine
Scheiben hobeln, diese dann in sehr feine
Streifen schneiden. Mit 1 TL Salz mischen.

2_Die Äpfel vierteln, schälen und von den
Kerngehäusen befreien. Die Apfelviertel
grob raspeln. Den Joghurt mit Zitronensaft, Senf und Honig mit einer Gabel gut
verquirlen, die Sauce leicht salzen. Äpfel
und Sauce zum Rettich geben und alles
gut vermischen. Rohkost abschmecken,
eventuell noch leicht salzen.

3_Den Schnittlauch abbrausen, trocken
schütteln und in feine Röllchen schneiden.
Oder Kresse mit der Küchenschere vom
Beet schneiden. Schnittlauch oder Kresse
vorm Servieren auf die Rohkost streuen.

Dazu passt: als Vorspeise Feldsalat, als
Hauptspeise der Schweinebraten von
Seite 105 oder gegrillte Entenkeulen.

VARIANTE: Rettichrohkost mit Datteln
400 g schwarzen Winterrettich schälen
und in feine Streifen schneiden. 10 Datteln
entkernen und auch in Streifen schneiden.
1/2 Bio-Orange heiß waschen, abtrocknen
und die Schale fein abreiben, den Saft auspressen. Orangenschale und -saft mit 2 TL
Honig, 2 EL frisch gepresstem Zitronensaft
und 4 EL Olivenöl cremig verrühren. Mit
Salz und Chiliflocken nach Geschmack
würzen. Den Rettich und die Datteln mit
der Sauce mischen und abschmecken. Vor
dem Servieren noch 1/2 Kästchen Gartenkresse abschneiden und aufstreuen.

Rosenkohl
in Bierteig

Herrlich knusprig
– am besten als Vorspeise
schmecken lassen!

Zutaten für 4 Personen:
Für den Rosenkohl:
200 g Mehl
1 geh. TL Salz
2 Eier (M)
240 ml helles Bier oder Weißbier
800 g Rosenkohl (möglichst kleine
  bis mittelgroße Röschen)
750 g Pflanzenfett (zum Frittieren)
Für die Remoulade:
1 dünne Stange Lauch
Salz
2 Gewürzgurken
1 EL Kapern
1/2 Bio-Zitrone
1 Kästchen Gartenkresse
125 g Salatmayonnaise
125 g saure Sahne
Pfeffer

Zubereitungszeit: 45 Minuten
Kalorien pro Portion: 600 kcal

1_Für den Ausbackteig das Mehl und
Salz in einer Schüssel mischen. Die Eier
und das Bier nach und nach mit dem
Schneebesen unterrühren, bis ein schön
glatter, eher dickflüssiger Teig entstanden
ist. Zudecken und etwa 30 Minuten bei
Raumtemperatur stehen lassen.

2_Inzwischen von den Rosenkohlröschen
alle welken Blätter abzupfen, Stielenden
abschneiden. Die Stiele der Röschen
kreuzweise einschneiden.

3_Für die Remoulade vom Lauch das Wurzelbüschel und alle welken Teile abschneiden. Den Lauch der Länge nach aufschlitzen und unter fließendem Wasser gründlich waschen, auch zwischen den einzelnen Schichten. Den Lauch in dünne Streifen schneiden.

4_In einen Topf etwa 5 cm hoch Wasser füllen und zum Kochen bringen, salzen. Lauch darin etwa 2 Minuten sprudelnd kochen lassen, dann in ein Sieb abgießen, kalt abschrecken und gut abtropfen lassen. Die Gewürzgurken und die Kapern fein hacken. Die Zitrone heiß waschen und abtrocknen, die Schale fein abreiben. Kresse mit der Küchenschere vom Beet schneiden.

5_Die Mayonnaise mit der sauren Sahne verrühren. Lauch, Gewürzgurken, Kapern, Kresse und Zitronenschale untermischen und die Remoulade mit Salz und Pfeffer abschmecken.

6_Das Fett in einem weiten Topf erhitzen. Zum Test einen hölzernen Kochlöffelstiel hineinhalten: Bilden sich rundherum rasch viele Bläschen, ist das Fett heiß genug.

7_Den Teig noch einmal durchrühren. Den Rosenkohl portionsweise unter den Teig mischen, mit einer Gabel herausfischen und ins heiße Fett geben. Die Röschen etwa 4 Minuten bei mittlerer bis starker Hitze frittieren. Mit dem Schaumlöffel herausheben und auf einer dicken Lage Küchenpapier abtropfen lassen. Wenn der ganze Rosenkohl frittiert ist, mit der Lauchremoulade auf den Tisch stellen und genießen.

Topinambur-Flan mit Orangenöl
Edles für vorneweg

Zutaten für 4 Personen:
600 g Topinambur | Salz
2 Eier (M) | 1 Eigelb (M)
100 g Crème fraîche
2 EL frisch geriebener Hartkäse
Pfeffer | 1/2 Bio-Orange
4 EL Haselnussöl
Butter für die Förmchen

Zubereitungszeit: 30 Minuten
+ 40 Minuten Garen
Kalorien pro Portion: 305 kcal

1_Topinambur waschen, in einen Topf geben und mit Wasser bedecken, salzen und zum Kochen bringen. Zugedeckt bei mittlerer Hitze in etwa 15 Minuten weich garen. Kalt abschrecken, Haut abziehen und Topinambur mit einem Pürierstab oder in einem Mixer pürieren.

2_Backofen auf 150 Grad vorheizen (auch schon jetzt einschalten: Umluft 130 Grad). Eine große ofenfeste Form und 4 Förmchen (je etwa 150 ml Inhalt) bereitstellen. Die Förmchen einfetten.

3_Das Topinamburpüree mit den Eiern, dem Eigelb, der Crème fraîche und dem Käse glatt verrühren. Mit Salz und Pfeffer würzen. Die Masse in die Förmchen verteilen und nebeneinander in die Form setzen. In die Form so viel heißes Wasser füllen, dass die Förmchen bis zur Hälfte darin stehen. Die Flans im Ofen (Mitte) in etwa 40 Minuten fest werden lassen.

4_Orange heiß waschen und abtrocknen, die Schale fein abreiben. Mit dem Haselnussöl verrühren und leicht salzen.

5_Die Flans aus dem Ofen nehmen, mit einem Messer vom Rand der Förmchen lösen und vorsichtig auf Teller stürzen. Mit dem Orangenöl beträufeln und gleich servieren.

Schupfnudeln mit Kraut

Süddeutscher Klassiker – immer aktuell!

Zutaten für 4 Personen:
800 g vorwiegend festkochende
  Kartoffeln
1 Zwiebel | 1 kleiner säuerlicher Apfel
4 EL Butterschmalz
1 TL Zucker | 750 g Sauerkraut
1/4 l Gemüsebrühe | Salz
150 g Spätzlemehl oder doppel-
  griffiges Mehl
1 Ei (M) | 1 Eigelb (M)

Zubereitungszeit: 1 1/2 Stunden
Kalorien pro Portion: 420 kcal

1_Die Kartoffeln gründlich waschen und samt der Schale in ausreichend Wasser in etwa 25 Minuten weich kochen. Kartoffeln abgießen, etwas ausdampfen lassen und pellen, dann noch heiß durch die Kartoffel-presse drücken. Auskühlen lassen.

2_Inzwischen die Zwiebel schälen und fein würfeln. Den Apfel vierteln, schälen, vom Kerngehäuse befreien und in Spalten schneiden. In einem Topf 1 1/2 EL Butter-schmalz mit dem Zucker schmelzen. Die Zwiebel und den Apfel darin andünsten. Sauerkraut zerpflücken und dazugeben. Mit der Brühe aufgießen, salzen und zu-gedeckt in etwa 45 Minuten bei geringer Hitze weich garen. Falls nötig, noch etwas Wasser oder Brühe angießen.

3_Die ausgekühlten Kartoffeln mit dem Mehl, Ei, Eigelb und 2 geh. TL Salz rasch zu einem glatten Teig verkneten. Aus dem Teig fingerdicke Rollen formen, in 1 cm breite Stücke schneiden und zu gut finger-dicken Nudeln mit spitzen Enden rollen.

4_In einem großen Topf reichlich Wasser zum Kochen bringen und salzen. Schupf-nudeln einlegen und bei mittlerer Hitze etwa 2 Minuten kochen lassen, bis sie an die Oberfläche steigen. Die Nudeln in ein Sieb abgießen, kalt abschrecken und ab-tropfen lassen.

5_Das restliche Butterschmalz in einer großen Pfanne schmelzen. Die Schupf-nudeln dazugeben und bei mittlerer Hitze in 8–10 Minuten knusprig braten. Dabei die Pfanne immer wieder gut rütteln und die Schupfnudeln so wenden. Das Sauer-kraut abschmecken und mit den Schupf-nudeln schmecken lassen.

Nudeln mit Roten Beten

Farbflash auf dem Pastateller

Zutaten für 4 Personen:
500 g Rote Beten
1 Stange Lauch
500 g Tagliatelle oder Linguine
Salz | 2 EL Butter
1 gestr. TL Zucker
1/8 l Gemüsebrühe
1/2 Bio-Zitrone
4 EL Sonnenblumenkerne
1 kräftige Prise rosenscharfes
  Paprikapulver
125 g Sahne
Pfeffer

Zubereitungszeit: 30 Minuten
Kalorien pro Portion: 700 kcal

1_Die Roten Beten schälen und erst in dünne Scheiben, dann in feine Streifen schneiden (dazu am besten Einmalhand-schuhe anziehen, da die Knollen sehr stark färben). Vom Lauch Wurzelbüschel und welke Teile abschneiden. Die Lauch-stange der Länge nach aufschlitzen und gründlich waschen, auch zwischen den Schichten. Lauch in Streifen schneiden.

2_Für die Nudeln in einem großen Topf reichlich Wasser zum Kochen bringen und salzen. Die Nudeln darin nach Packungsangabe al dente kochen.

3_Schon während das Wasser heiß wird, in einem zweiten Topf gut die Hälfte der Butter mit dem Zucker schmelzen lassen. Die Roten Beten darin andünsten. Den Lauch kurz mitbraten. Brühe angießen, Gemüse zugedeckt bei geringer Hitze in etwa 10 Minuten bissfest garen.

4_Zitrone heiß waschen und abtrocknen, die Schale fein abreiben. Restliche Butter in einer kleinen Pfanne schmelzen. Die Sonnenblumenkerne darin unter Rühren bei mittlerer Hitze leicht braun braten, mit Salz und Paprikapulver abschmecken.

5_Zitronenschale mit der Sahne zu den Roten Beten geben, mit Salz und Pfeffer abschmecken. Nudeln abgießen und mit dem Gemüse mischen. In vorgewärmte Teller verteilen und vor dem Essen mit den Sonnenblumenkernen bestreuen.

Dazu passt: frisch geriebener Parmesan, aber auch Ziegenfrischkäse in kleinen Nocken.

Lauch-Käse-Suppe mit Brot

Macht richtig schön warm

Zutaten für 4 Personen:
1 dicke Stange Lauch
150 g altbackenes Weißbrot (vom Vortag)
250 g würziger Hartkäse (z. B. Appenzeller oder Greyerzer)
2 Knoblauchzehen
1 TL getrockneter Majoran
2 TL Kümmelsamen (wer mag)
2 EL Butter
1 l Gemüse- oder Fleischbrühe
Salz | Pfeffer

Zubereitungszeit: 25 Minuten
Kalorien pro Portion: 390 kcal

1_Vom Lauch das Wurzelbüschel und alle welken Teile abschneiden. Den Lauch der Länge nach aufschlitzen und gründlich waschen, auch zwischen den Schichten. Lauch in feine Streifen schneiden. Vom zarten Grün etwa 2 EL beiseitelegen. Das Brot in kleine Würfel schneiden. Den Käse von der Rinde befreien und fein reiben. Knoblauch schälen und fein hacken.

2_Die Brotwürfel in einem Suppentopf bei mittlerer Hitze unter Rühren in etwa 2 Minuten goldbraun anrösten. Lauchstreifen, Knoblauch, Majoran und eventuell den Kümmel mit 1 EL Butter dazugeben. Alles noch etwa 2 Minuten braten.

3_Die Brühe dazugießen und zum Kochen bringen. Käse einrühren und bei geringer Hitze unter gelegentlichem Rühren in der Suppe in 4–5 Minuten schmelzen lassen, bis sie sämig ist.

4_Inzwischen die übrige Butter in einer kleinen Pfanne schmelzen und die grünen Lauchstreifen darin bei geringer bis mittlerer Hitze bissfest dünsten, salzen.

5_Die Suppe mit Salz (Vorsicht, der Käse ist auch salzig!) und Pfeffer abschmecken und in vorgewärmte Suppenteller geben. Vorm Servieren die gedünsteten Lauchstreifen aufstreuen.

Grünkohl mit Quarkfüllung

Das macht auch Skeptiker garantiert zu Grünkohl-Fans

Zutaten für 4 Personen:
800 g Grünkohl (mit möglichst
  breiten Blättern) | Salz
2 Scheiben altbackenes Weißbrot
  (etwa 50 g, vom Vortag)
100 g durchwachsener Räucherspeck
1 Stange Lauch | 2 EL Butter
1 TL Kümmelsamen | 50 g Bergkäse
250 g Quark | 2 Eier (M)
Salz | Pfeffer

Zubereitungszeit: 45 Minuten
+ 20–25 Minuten Backen
Kalorien pro Portion: 460 kcal

1_Grünkohl gründlich waschen, die Stiele abschneiden. In einen großen Topf etwa 10 cm hoch Wasser füllen, aufkochen und salzen. Kohlblätter darin etwa 5 Minuten kochen lassen. Kohl in ein Sieb gießen, kalt abschrecken und abtropfen lassen. Brot in einer Schüssel mit lauwarmem Wasser bedecken, weich werden lassen.

2_Den Speck in kleine Würfel schneiden, die Schwarte und alle Knorpel dabei wegschneiden. Vom Lauch das Wurzelbüschel und alle welken Teile abschneiden. Die Lauchstange der Länge nach aufschlitzen und gründlich waschen, auch zwischen den Schichten. Den Lauch fein hacken.

3_In einer kleinen Pfanne 1 TL Butter schmelzen. Darin Speck, Lauch und den Kümmel bei mittlerer Hitze unter Rühren etwa 5 Minuten dünsten. Lauwarm abkühlen lassen.

4_Den Käse von der Rinde befreien und fein reiben. Das Brot gut ausdrücken und zerpflücken. Mit dem Quark, dem Käse, den Eiern und der Speckmischung gut verrühren, salzen und pfeffern.

5_Backofen auf 200 Grad vorheizen (auch schon jetzt einschalten: Umluft 180 Grad). Die Grünkohlblätter auf der Arbeitsfläche ausbreiten. Wenn die Blätter sehr schmal sind, je 2 Kohlblätter leicht überlappend nebeneinanderlegen. Jeweils knapp 1 EL Quarkfüllung in der Mitte der Blätter verteilen. Blätter über der Füllung zusammenklappen und die Päckchen mit der »Nahtstelle« nach unten nebeneinander in eine ofenfeste Form legen.

6_Übrige Butter in Flöckchen auf dem Grünkohl verteilen. Im Ofen (Mitte) in 20–25 Minuten appetitlich braun backen. Kurz stehen lassen, dann servieren.

Dazu passt: Salat, z. B. Feldsalat mit Radicchio, und eventuell etwas Brot.

Winterrettich mit Hackfleisch

Einfach und schnell gemacht

Zutaten für 4 Personen:
500 g schwarzer Winterrettich
150 g Endiviensalat
2 Knoblauchzehen
1 TL Koriandersamen (wer mag)
2 EL geschmacksneutrales Öl
500 g gemischtes Hackfleisch
Salz | Pfeffer
1 TL edelsüßes Paprikapulver
100 g Sahne
1 Kästchen Gartenkresse

Zubereitungszeit: 25 Minuten
Kalorien pro Portion: 480 kcal

1_Den Rettich schälen und in dünne Scheiben schneiden oder hobeln. Die Scheiben in feine Streifen schneiden. Endiviensalatblätter auseinanderlösen, waschen, trocken schütteln und ebenfalls in Streifen schneiden. Knoblauch schälen und in dünne Scheiben schneiden.

2_Eventuell Koriander in einer Pfanne ohne Fett unter Rühren bei mittlerer Hitze etwa 1 Minute rösten, dann im Mörser fein zerstoßen. Öl in die Pfanne geben und die Rettichstreifen darin unter Rühren etwa 2 Minuten braten. Knoblauch dazugeben und alles noch etwa 1 Minute braten.

3_Hackfleisch und eventuell Koriander untermischen und so lang unter Rühren braten, bis das Hackfleisch nicht mehr rosa aussieht und feinkrümelig ist. Endiviensalat unterrühren, 1–2 Minuten mitbraten. Mit Salz, Pfeffer und Paprika würzen. Die Sahne angießen und alles einmal kräftig aufkochen lassen. Den Hackfleisch-Rettich abschmecken und eventuell nachwürzen. Die Kresse mit der Küchenschere vom Beet schneiden und vor dem Servieren aufstreuen.

Dazu passt: Kartoffelpüree.

Krautknödel

Aus reschem Laugengebäck und pikantem Sauerkraut

Zutaten für 4 Personen:
400 g altbackene Laugenbrezen
   oder -brötchen (vom Vortag)
220 ml Milch
1 Zwiebel
300 g Sauerkraut
1/2 Bund Petersilie
80 g Butter
1 TL Kümmelsamen (wer mag)
4 Eier (M)
Salz | Pfeffer

Zubereitungszeit: 35 Minuten
+ 20 Minuten Garen
Kalorien pro Portion: 455 kcal

1_Die Brezen oder Brötchen in dünne Scheiben schneiden und in eine große Schüssel geben. Die Milch lauwarm erhitzen und über die Scheiben gießen.

2_Zwiebel schälen und in kleine Würfel schneiden. Das Sauerkraut nicht zu fein hacken. Petersilie abbrausen und trocken schütteln, die Blättchen von den Stängeln zupfen und fein hacken.

3_In einem Topf 2 EL Butter schmelzen. Die Zwiebel mit dem Kraut und eventuell dem Kümmel darin unter Rühren bei mittlerer Hitze etwa 5 Minuten dünsten. Die Petersilie dazugeben und nur zusammenfallen lassen.

4_Krautmischung mit den Eiern, Salz und Pfeffer zum eingeweichten Laugengebäck geben und alles gründlich durchkneten, bis die Zutaten gut zusammenhalten.

5_In einem großen Topf reichlich Wasser zum Kochen bringen und salzen. Aus der Laugengebäckmasse 8–12 Knödel formen, ins leise siedende Wasser gleiten lassen und darin bei sehr geringer Hitze in etwa 20 Minuten gar ziehen lassen.

6_Gegen Garzeitende in einem kleinen Töpfchen die übrige Butter bei mittlerer Hitze schmelzen und leicht braun werden lassen. Krautknödel mit einem Schaumlöffel aus dem Wasser heben und kurz abtropfen lassen. Die Knödel auf Teller verteilen und mit der Butter beträufeln.

Dazu passt: Endivien- oder Feldsalat.

Szegediner Gulasch

Frisches Weißkraut und eingemachtes Sauerkraut machen's besonders gut!

Zutaten für 4 Personen:
je 300 g Schweine- und Rinderschulter
  (es geht aber auch nur eine Sorte)
3 Zwiebeln
1 kleine mehligkochende Kartoffel
  (etwa 100 g)
3 EL Butterschmalz
je 2 TL edelsüßes und rosenscharfes
  Paprikapulver
1 TL Kümmelsamen
Salz | Pfeffer
3/8 l Fleisch- oder Gemüsebrühe
400 g Sauerkraut
1/4 Weißkohl (etwa 300 g)
2 Knoblauchzehen
4 Stängel Petersilie
100 g saure Sahne

Zubereitungszeit: 40 Minuten
+ 1 1/2 Stunden Garen
Kalorien pro Portion: 510 kcal

1_Vom Fleisch größere Fettstücke und dicke Sehnen entfernen, das Fleisch etwa 2 cm groß würfeln. Die Zwiebeln schälen, vierteln und in dünne Streifen schneiden. Kartoffel schälen, waschen, grob raspeln.

2_In einem großen Schmortopf etwa 1 EL Butterschmalz schmelzen. Darin in zwei Portionen das Fleisch bei starker Hitze gut anbraten und wieder herausnehmen. Die Zwiebeln und Kartoffel mit 1 weiteren EL Butterschmalz in den Topf geben, Fleisch gut untermischen. Paprika und Kümmel darüberstreuen, alles kräftig andünsten. Salzen und pfeffern, die Brühe angießen und den Bratsatz vom Topfboden lösen.

3_Das Sauerkraut untermischen und das Gulasch zugedeckt bei geringer Hitze etwa 1 1/2 Stunden schmoren lassen, bis das Fleisch schön weich ist. Dabei ab und zu umrühren und, wenn nötig, auch noch etwas Brühe nachgießen.

4_Etwa 30 Minuten vor Garzeitende vom Kohl alle welken Blätter abzupfen, den dicken Strunk abschneiden. Kohl waschen und in dünne Streifen schneiden. Übriges Schmalz in einer Pfanne schmelzen. Darin den Kohl bei mittlerer Hitze unter Rühren in etwa 5 Minuten bissfest braten, salzen.

5_Den Knoblauch schälen und durch die Presse drücken. Petersilie abbrausen und trocken schütteln, Blättchen abzupfen und fein hacken. Kohl, Knoblauch, Petersilie und saure Sahne unters Gulasch mischen. Abschmecken und schmecken lassen.

Dazu passt: Salzkartoffeln.

Panierte Blutwurst

Und dazu gibt's einen feinen Kartoffelsalat

Zutaten für 4 Personen:
50 g Mehl
je 1 kräftige Prise gemahlener
  Koriander, Pfeffer und Salz
2 Eier (M)
100 g Semmelbrösel
8 Scheiben feste Blutwurst
  (500–600 g, je gut 1 cm dick)
100 g Butterschmalz

Zubereitungszeit: 15 Minuten
Kalorien pro Portion: 810 kcal

1_Das Mehl mit den Gewürzen in einem tiefen Teller mischen. Die Eier in einem zweiten Teller verquirlen, Semmelbrösel in einen dritten geben.

2_Blutwurst eventuell von den Häuten befreien. Die Wurstscheiben zuerst in dem Mehl, dann in den Eiern und zum Schluss in den Bröseln wenden.

3_Das Butterschmalz in einer großen Pfanne schmelzen. Die panierten Blutwurstscheiben darin pro Seite bei starker Hitze 2 Minuten braten. Gleich servieren.

Und dazu: Grüner Kartoffelsalat

1 kg festkochende Kartoffeln waschen und samt Schale in ausreichend Wasser in etwa 30 Minuten nicht zu weich kochen. 1 Zwiebel schälen, klein würfeln und in 1/4 l kräftiger Fleisch- oder Gemüsebrühe aufkochen. Mit 1 EL scharfem Senf, 3 EL Weißweinessig, Salz, Pfeffer und 4 EL geschmacksneutralem Öl verrühren. Die Kartoffeln abgießen, pellen, in dünne Scheiben schneiden und unter die Sauce mischen. Salat abkühlen lassen. Dann 100 g Feldsalat waschen, putzen und vorsichtig unterheben.

Schweine-braten mit Bier

Unbedingt Fleisch mit Fettanteil kaufen!

Zutaten für 4 Personen:
1 kg Schweinebraten (ohne
  Schwarte, am besten Nacken)
Salz | Pfeffer
1 TL Kümmelsamen
1 TL edelsüßes Paprikapulver
200 g Zwiebeln
1 Stück Knollensellerie (etwa 400 g)
1/2 Bund Petersilie
1/4 l dunkles Bier
1/8 l Fleisch- oder Gemüsebrühe

Zubereitungszeit: 20 Minuten
+ 2 1/4 Stunden Garen
Kalorien pro Portion: 555 kcal

1_Den Schweinebraten rundherum mit Salz und Pfeffer, dem Kümmel und dem Paprikapulver einreiben. Den Backofen auf 220 Grad vorheizen (auch schon jetzt einschalten: Umluft 200 Grad).

2_Zwiebeln schälen und in 1/2 cm dicke Ringe schneiden. Sellerie schälen und in etwa 1/2 cm breite und dicke Streifen schneiden. Petersilie abbrausen, trocken schütteln und fein hacken. Alles mit Salz und Pfeffer mischen und in einem Bräter verteilen, das Fleisch daraufsetzen.

3_Bräter in den Ofen (Mitte) schieben und das Fleisch etwa 15 Minuten braten. Dann das Bier und die Brühe angießen. Die Temperatur auf 190 Grad reduzieren (Umluft 170 Grad) und den Braten noch etwa 2 Stunden garen, bis er schön gebräunt ist. Zwischendurch ab und zu mit der Biermischung beschöpfen.

4_Den Braten aus dem Ofen nehmen, in Alufolie wickeln und etwa 10 Minuten ruhen lassen. Inzwischen den Bratensaft durch ein Sieb gießen und das Gemüse gut ausdrücken. Bratensaft abschmecken und zum Schweinebraten servieren. Wer mag, stellt auch noch das Gemüse mit auf den Tisch.

Dazu passt: Kartoffelknödel aus fertig gekauftem Knödelteig oder Brezenknödel (Seite 103, ohne Sauerkraut zubereitet).

Lachsforelle mit Würzöl

Ganz easy im Ofen gebacken – ideal wenn Besuch kommt

Zutaten für 4 Personen:
1 Bio-Orange
1 getrocknete Chilischote
1 TL Fenchel- oder Anissamen
1 TL schwarze Pfefferkörner
4 EL geschmacksneutrales Öl
2 TL frisch gepresster Zitronensaft
mittelgrobes Salz
je 1 Prise Zimtpulver und
 gemahlene Nelken
800 g Lachsforellenfilets (mit Haut)

Zubereitungszeit: 15 Minuten
+ 10–12 Minuten Garen
Kalorien pro Portion: 365 kcal

1_Backofen auf 200 Grad vorheizen (auch schon jetzt einschalten: Umluft 180 Grad). Das Backblech mit Backpapier auslegen.

2_Orange heiß waschen und abtrocknen, die Schale fein abreiben. Die Chilischote, die Fenchel- oder Anissamen und Pfefferkörner in einer kleinen Pfanne bei mittlerer Hitze unter Rühren 1–2 Minuten rösten, in den Mörser geben und so fein wie möglich zerstoßen. Die Gewürzmischung mit Orangenschale, dem Öl, dem Zitronensaft, Salz, Zimt- und Nelkenpulver verrühren.

3_Mit den Fingern über die Fischfilets streifen. Falls Gräten zu spüren sind: Mit einer Pinzette fassen und langsam aus dem Fischfleisch ziehen. Fisch waschen, trocken tupfen, mit der Haut nach unten aufs Blech legen und das Würzöl gleichmäßig darauf verteilen. Im Ofen (Mitte) 10–12 Minuten garen, bis das Fischfleisch nicht mehr glasig ist. Kurz stehen lassen, dann ofenheiß servieren.

Dazu passt: Blattspinat oder ein Salat und eventuell Bratkartoffeln.

Panierte Fischfilets mit Rosenkohl

Die kleinen würzigen Röschen mal als Salat gemacht

Zutaten für 4 Personen:
Für den Salat:
500 g Rosenkohl | Salz
150 g Endiviensalat
je 1 TL scharfer und süßer Senf
2 EL frisch gepresster Zitronensaft
1 EL frisch gepresster Orangensaft
Pfeffer oder Chilipulver
4 EL geschmacksneutrales Öl
1/2 Kästchen Gartenkresse
Für den Fisch:
2 Scheiben Pumpernickel (120 g)
50 g Semmelbrösel | 1/2 Bio-Zitrone
50 g Mehl | Salz | Pfeffer
frisch geriebene Muskatnuss
2 Eier (M)
4 Fischfilets (ohne Haut, je etwa 180 g,
   z. B. Zander)
4 EL Butterschmalz

Zubereitungszeit: 40 Minuten
Kalorien pro Portion: 505 kcal

1_Die welken Blätter vom Rosenkohl abzupfen und die Stielenden abschneiden. Den Rosenkohl waschen und durch die Strünke vierteln. In einem Topf Wasser zum Kochen bringen und salzen. Den Rosenkohl darin zugedeckt bei mittlerer Hitze etwa 8 Minuten kochen lassen.

2_Inzwischen die Endiviensalatblätter auseinanderlösen, waschen und in gut 1 cm breite Streifen schneiden. Salat zu dem Rosenkohl geben und nur kurz aufkochen. Gemüse in ein Sieb abgießen und kalt abschrecken.

3_Für die Salatsauce beide Senfsorten mit Zitronen- und Orangensaft, Salz und Pfeffer oder Chilipulver mit einer Gabel verrühren. Das Öl nach und nach unterschlagen, bis eine cremige Sauce entstanden ist. Mit dem Rosenkohl und dem Endiviensalat mischen und abschmecken. Die Gartenkresse vom Beet schneiden und über den Salat streuen.

4_Für den Fisch Pumpernickel in möglichst kleine Stücke krümeln und mit den Semmelbröseln in einem tiefen Teller mischen. Die Zitrone heiß waschen und abtrocknen, die Schale fein abreiben, den Saft auspressen. Die Zitronenschale mit dem Mehl, Salz, Pfeffer und Muskat in einem zweiten Teller mischen. Die Eier in einen dritten Teller aufschlagen und mit einer Gabel verquirlen.

5_Mit den Fingern über die Fischfilets streifen. Falls Gräten zu spüren sind: Mit einer Pinzette fassen und langsam aus dem Fischfleisch ziehen. Fisch waschen, trocken tupfen, mit dem Zitronensaft beträufeln und mit Salz und Pfeffer würzen.

6_Das Butterschmalz in einer großen Pfanne schmelzen. Die Fischfilets erst im Mehl (überschüssiges Mehl gründlich abklopfen), dann in den Eiern und zum Schluss in der Pumpernickelmischung wenden. Die Filets in die Pfanne legen und im heißen Butterschmalz bei mittlerer Hitze etwa 4 Minuten braten. Umdrehen und noch einmal so lang braten. Mit dem Rosenkohlsalat auf Teller verteilen.

Christstollen

Mindestens 1 Monat vor
Weihnachten backen!

Zutaten für 2 Stollen
 (je etwa 25 Scheiben):
Für den Teig:
100 g Zitronat
50 g Orangeat
100 g Mandelstifte
1 Bio-Zitrone
200 g Rosinen
1 Schnapsglas Rum (etwa 25 ml)
300 ml Milch
1 1/2 Würfel Hefe (etwa 60 g)
125 g Zucker
1 kg Mehl
1 Prise Salz
250 g weiche Butter
2 Eier (M)
Zum Bestreichen und Bestreuen:
100 g Butter
50 g Zucker
1 Pck. Vanillezucker
3–4 EL Puderzucker

Zubereitungszeit: 40 Minuten
+ 1 1/2 Stunden Gehen
+ 50–55 Minuten Backen
Kalorien pro Scheibe: 180 kcal

1_Das Zitronat und das Orangeat klein
würfeln. Die Mandelstifte etwas kleiner
hacken. Die Zitrone heiß waschen und abtrocknen, die Schale fein abreiben. Alles
mit den Rosinen und dem Rum mischen.

2_Die Milch lauwarm erhitzen. Die Hefe
zerkrümeln und mit 2 TL Zucker mit der
Milch verrühren. Mehl, Salz und restlichen
Zucker in einer Schüssel mischen und in
der Mitte eine Mulde formen. Hefemilch
hineingießen, mit wenig Mehl bestäuben
und zugedeckt an einem warmen Ort etwa
15 Minuten gehen lassen.

3_Dann Butter und Eier in die Schüssel
geben und alles mit den Knethaken des
Handrührgeräts zu einem geschmeidigen,
glatten Teig verkneten. Den Teig zugedeckt
mindestens 1 Stunde gehen lassen, bis
sich sein Volumen etwa verdoppelt hat.

4_Backblech mit Backpapier auslegen.
Die Frucht-Nuss-Mischung unter den Teig
kneten, Teig halbieren. Jede Hälfte auf
wenig Mehl zu einem etwa 30 cm langen
Teigstrang formen. Der Länge nach in der
Mitte mit dem Nudelholz flach drücken.
Eine Längsseite etwa bis zur Hälfte nach
innen klappen, die andere etwas weiter
nach innen darüberschlagen.

5_Die beiden Teiglaibe mit ausreichend
Abstand nebeneinander aufs Blech legen
und noch mal um die 15 Minuten gehen
lassen. Backofen auf 180 Grad vorheizen
(erst später einschalten: Umluft 160 Grad).

6_Das Blech in den Ofen (Mitte) schieben
und die Stollen 50–55 Minuten backen,
bis sie schön aufgegangen sind und appetitlich braun aussehen. Die Butter zum
Bestreichen schmelzen, den Zucker mit
dem Vanillezucker mischen.

7_Die Stollen aus dem Ofen nehmen und
sofort mehrmals dünn mit der Butter einpinseln, bis sie schön glänzen. Dann mit
dem Vanillezucker bestreuen und mit dem
Puderzucker bestäuben. Die Christstollen
auskühlen lassen und einzeln in Alufolie
verpacken. Vorm Anschneiden mindestens
3 Wochen an einem kühlen Ort gut durchziehen lassen.

TIPP
Bevor man die Stollen zum Servieren in
Scheiben schneidet, unbedingt noch ein
bisschen frischen Puderzucker darüber-
stäuben, damit sie schön aussehen.

VARIANTE: Birnenbrot

1 kg getrocknete Birnen in einem Topf gut mit Wasser bedecken und zum Kochen bringen. Kurz aufkochen lassen, dann vom Herd nehmen und die Mischung in eine Schüssel umfüllen. Die Birnen über Nacht weich werden lassen. Am nächsten Tag den Hefeteig wie beschrieben aus 750 g Mehl, 1 Würfel Hefe (42 g), 125 g Zucker, 100 g geschmolzener Butter, 300 ml Milch und 2 Eiern (M) kneten und gehen lassen. Die Birnen in einem Sieb abtropfen lassen und sehr fein hacken. 200 g Walnusskerne ebenfalls fein hacken. Beides mit 1 TL Zimtpulver und 1 kräftigen Prise gemahlenen Nelken sowie der abgeriebenen Schale von 1 Bio-Zitrone unter den Teig kneten. Den Brotteig zu zwei länglichen Laiben formen und auf dem mit Backpapier belegten Blech 30 Minuten gehen lassen. Dann die Brote im 180 Grad heißen Ofen (Umluft 160 Grad) etwa 1 Stunde backen. Ausgekühlt in Alufolie wickeln und mindestens 3 Wochen an einem kühlen Ort durchziehen lassen.

Lebkuchen
Wunderbar nussig

Zutaten für etwa 20 Stück:
300 g gemahlene Mandeln
250 g Zucker
1 Bio-Zitrone
1/2 Bio-Orange
je 100 g Zitronat und Orangeat
5 Eier (L) | 1 Prise Salz
200 g Mehl
2 geh. TL Lebkuchengewürz
1 Msp. Hirschhornsalz
etwa 20 Oblaten (7 cm Ø)
2 EL Puderzucker

Zubereitungszeit: 30 Minuten
+ 1 Stunde Trocknen
+ 20 Minuten Backen
Kalorien pro Stück: 230 kcal

1_Die Mandeln mit der Hälfte des Zuckers in einer Pfanne bei geringer bis mittlerer Hitze unter ständigem Rühren rösten, bis sie goldbraun sind. Auf einem großen Teller verteilen und auskühlen lassen.

2_Die Zitrone und Orange heiß waschen und abtrocknen, die Schalen fein abreiben. Das Zitronat und Orangeat fein schneiden.

3_Die Eier trennen. Die Eiweiße und das Salz mit den Quirlen des Handrührgeräts steif schlagen. Eigelbe mit dem restlichen Zucker sehr gut schaumig schlagen. Die Mandeln mit dem Mehl, dem Lebkuchengewürz und dem Hirschhornsalz mischen und unterrühren. Einen Teil des Eischnees unterrühren, Rest mit dem Schneebesen vorsichtig unterheben. Lebkuchenmasse mit einem Teigschaber gut 1 cm dick auf den Oblaten verstreichen (den Schaber zwischendurch in Wasser tauchen, damit der Teig nicht so anklebt).

4_Die Lebkuchen nebeneinander auf das Backblech setzen und 1 Stunde (ein bisschen länger schadet auch nicht) antrocknen lassen.

5_Backofen auf 180 Grad vorheizen (auch schon jetzt einschalten: Umluft 160 Grad). Den Puderzucker dünn auf die Lebkuchen stäuben. Im Ofen (Mitte) etwa 20 Minuten backen, herausnehmen, auskühlen lassen.

TIPP

Zum Aufbewahren die Lebkuchen in eine Blechdose legen, gut verschließen und an einem kühlen Ort lagern.

Mandel-makronen

Aromatisch wie italienische Amaretti

Zutaten für etwa 40 Stück:
250 g gehäutete Mandeln
  (+ etwa 40 Stück für die Deko)
150 g ganz feiner Zucker
etwa 40 Oblaten (4 cm Ø)
3 Eiweiß (M)
1 Prise Salz
15–20 Tropfen Bittermandelöl
Puderzucker zum Bestäuben

Zubereitungszeit: 25 Minuten
+ 20 Minuten Backen
Kalorien pro Stück: 65 kcal

1_Die Mandeln mit etwa der Hälfte des Zuckers in der Küchenmaschine oder mit dem Blitzhacker fein zerkleinern. Das Backblech mit Oblaten belegen. Den Backofen auf 160 Grad vorheizen (auch schon jetzt einschalten: Umluft 140 Grad).

2_Eiweiße und Salz mit den Quirlen des Handrührgerätes zu sehr steifem Schnee schlagen. Den übrigen Zucker einrieseln lassen und kurz weiterschlagen, dann die Mandeln und das Bittermandelöl mit dem Schneebesen unterheben.

3_Die Makronenmasse nach und nach mit Hilfe von zwei Teelöffeln auf die Oblaten häufen, als Deko jeweils 1 Mandel in die Mitte stecken. Die Makronen im Ofen (Mitte) etwa 20 Minuten backen. Herausnehmen und auskühlen lassen, dann mit etwas Puderzucker bestäuben.

VARIANTE: Dattel-Orangen-Makronen

200 g Datteln (ohne Stein) klein würfeln, 50 g Walnusskerne grob hacken. 1 Bio-Orange heiß waschen und abtrocknen, die Schale abreiben. 3 Eiweiß (M) mit 1 Prise Salz und 150 g ganz feinem Zucker steif schlagen. Datteln, Walnüsse und Orangenschale unterheben. Wie beschrieben die Teigmasse auf etwa 40 Oblaten (4 cm Ø) häufen und backen.

Nusshäufchen

Knuspriger Teig mit aromareichem Topping

Zutaten für etwa 80 Stück:
250 g Mehl | 160 g Zucker
1/2 TL fein abgeriebene
  Bio-Zitronenschale
150 g kalte Butter
1 Ei (M) | 1 Prise Salz
100 g Zartbitterschokolade
100 g Haselnüsse
1 gestr. TL Zimtpulver
2 Eiweiß (M)

Zubereitungszeit: 40 Minuten
+ 1 Stunde Kühlen
+ 15 Minuten Backen
Kalorien pro Stück: 50 kcal

1_Das Mehl mit 100 g Zucker, Zitronenschale, der Butter in kleinen Flöckchen, dem Ei und dem Salz zu einem glatten Mürbeteig verkneten. Zur Kugel formen, in Folie wickeln und 1 Stunde kalt stellen.

2_Dann Schokolade in Stücke brechen und mit den Haselnüssen in der Küchenmaschine oder mit dem Blitzhacker fein zerkleinern. Mit dem Zimt mischen.

3_Zwei Backbleche mit Backpapier auslegen. Den Teig auf wenig Mehl knapp 1/2 cm dick ausrollen. Mit einem runden Ausstecher oder auch einem Glas (etwa 5 cm Ø) kleine Taler ausstechen und auf die Bleche legen.

4_Backofen auf 160 Grad vorheizen (auch schon jetzt einschalten: Umluft 140 Grad). Die Eiweiße mit den Quirlen des Handrührgeräts zu steifem Schnee schlagen, dabei den restlichen Zucker einrieseln lassen. Die Haselnuss-Schoko-Mischung mit dem Schneebesen unterheben.

5_Von der Nussmasse je knapp 1 TL voll auf die Teigtaler setzen. Die Bleche nacheinander in den Ofen (Mitte) schieben und die Plätzchen etwa 15 Minuten backen. Herausnehmen, auskühlen lassen.

VARIANTE: Kokoshäufchen
Teig wie beschrieben kneten, kühlen und ausstechen. Für die Haube 1 Stück Ingwer (etwa 1 cm) schälen, fein hacken. 1/2 Bio-Zitrone heiß waschen, abtrocknen, Schale abreiben. 2 Eiweiß (M) steif schlagen und Ingwer, Zitronenschale und 200 g Kokosraspel unterheben. Wie oben beschrieben Kokosmasse auf die Taler setzen, backen.

Zimt-Schoko-Kipferl
Wunderbar mürbe und weihnachtswürzig

Zutaten für etwa 45 Stück:
200 g Mehl
100 g gemahlene Haselnüsse
100 g Zucker
1 Pck. Vanillezucker
2 TL Zimtpulver
1 Prise Salz
150 g kalte Butter
2 Eigelb (M)
150 g Zartbitterkuvertüre

Zubereitungszeit: 45 Minuten
+ 1 Stunde Kühlen
+ 12 Minuten Backen
Kalorien pro Stück: 80 kcal

1_Das Mehl mit den Haselnüssen, dem Zucker, dem Vanillezucker und dem Zimt und Salz mischen. Butter in kleine Flöckchen schneiden und mit den Eigelben dazugeben. Alles rasch und gründlich zu einem glatten Mürbeteig verkneten. Den Teig zur Kugel formen, in Folie wickeln und etwa 1 Stunde kalt stellen.

2_Dann den Backofen auf 180 Grad vorheizen (auch schon jetzt einschalten: Umluft 160 Grad). Zwei Backbleche mit Backpapier auslegen.

3_Von dem Teig nach und nach walnussgroße Stücke abnehmen und zu fingerdicken Rollen formen, die an den Enden spitz zulaufen. Leicht gebogen auf die Bleche setzen. Die Kipferl im Ofen (Mitte) etwa 12 Minuten backen. Herausnehmen und auskühlen lassen.

4_Kuvertüre fein hacken und in einer Tasse im heißen Wasserbad schmelzen lassen. Kipferl zur Hälfte in die Schokolade tauchen, auf Backpapier setzen und die Kuvertüre trocknen lassen. Wenn es mit dem Tunken nicht mehr klappt, die restlichen Kipferl einfach mit dem Pinsel mit der Kuvertüre verzieren.

VARIANTE: Vanillekipferl
Haselnüsse durch gemahlene gehäutete Mandeln ersetzen. Teig wie beschrieben zubereiten, formen, backen. Gleich nach dem Backen die Kipferl mit der Oberseite in 4–6 Pck. Vanillezucker (echten, nicht künstlich hergestellten!) legen, herausnehmen und auskühlen lassen.

Gänsebraten mit Rotkohl

Klassiker für die Weihnachtstage

Zutaten für 4–6 Personen:
Für den Gänsebraten:
1 große Gans (etwa 4,5 kg)
Salz | Pfeffer
2 Zwiebeln
2 säuerliche Äpfel
4 Stängel getrockneter Beifuß
Für den Rotkohl:
1 Rotkohl (etwa 900 g)
1 Zwiebel
2 Birnen
1 EL frisch gepresster Zitronensaft
1 EL Butter
2 TL Zucker
etwa 1/4 l trockener Rotwein
   oder Gemüsebrühe
1 Nelke
1 TL Wacholderbeeren
Salz | Pfeffer
1 TL Birnendicksaft

Zubereitungszeit: 1 Stunde
+ 4 1/2 Stunden Braten
Kalorien pro Portion (bei 6): 2000 kcal

1_Backofen auf 200 Grad vorheizen (auch schon jetzt einschalten: Umluft 180 Grad). Die Gans innen und außen waschen, das Bauchfett abzupfen. In einem Schälchen Salz und Pfeffer mischen und die Gans gründlich damit einreiben, auch in der Bauchhöhle. Die Zwiebeln schälen und achteln. Äpfel vierteln, schälen und entkernen. Die Zwiebeln und Äpfel mit dem Beifuß in den Bauch der Gans legen.

2_Gans mit der Brust nach unten in die Fettpfanne des Ofens legen, 1 l heißes Wasser angießen. In den Ofen (unten) schieben und die Gans etwa 30 Minuten braten. Dann die Temperatur auf 150 Grad (Umluft 130 Grad) zurückschalten und die Gans etwa 2 Stunden braten, dabei ab und zu mit Bratflüssigkeit beschöpfen. Falls nötig, noch mehr Wasser in die Fettpfanne gießen. Nun die Gans umdrehen und noch einmal etwa 2 Stunden braten.

3_Inzwischen vom Rotkohl alle äußeren welken Blätter entfernen. Kohl vierteln, den dicken Strunk wie einen Keil herausschneiden und die Viertel in feine Streifen schneiden. Die Zwiebel schälen und fein würfeln. Die Birnen vierteln, schälen, entkernen, in Spalten schneiden und mit dem Zitronensaft mischen.

4_Die Butter mit dem Zucker in einem großen Topf schmelzen. Darin die Zwiebel und die Birnen andünsten. Den Rotkohl dazugeben und kurz mitdünsten. Mit dem Wein oder der Brühe ablöschen, Gewürze dazugeben und den Kohl zugedeckt bei geringer Hitze etwa 1 Stunde schmoren lassen. Dabei ab und zu mal durchrühren und, falls nötig, noch etwas Wein oder Brühe nachgießen.

5_Gans aus dem Ofen nehmen und den Backofengrill (höchste Stufe) anschalten. Die Gans in 8–12 Stücke zerteilen und mit der Haut nach oben auf den Rost legen, unter den Rost ein Backblech stellen. 1 TL Salz mit 3–4 EL heißem Wasser verrühren und die Haut damit einpinseln. Die Gänsestücke wieder in den Ofen schieben (mit etwa 20 cm Abstand zu den Grillschlangen) und die Haut in etwa 10 Minuten schön knusprig werden lassen.

6_In der Zeit die Sauce durch ein Sieb in einen Topf gießen, eventuell den Bratsatz noch mit etwas heißem Wasser ablösen. Die Sauce entfetten (das Fett mit einem großen Löffel abnehmen), abschmecken. Den Rotkohl mit Salz, Pfeffer und Birnendicksaft würzen. Beides mit den Gänsestücken auf den Tisch stellen.

Dazu passt: Kartoffelknödel als Beilage (kaufen Sie am besten fertigen Teig aus dem Kühlregal), als Vorspeise Feld- oder Radicchiosalat oder eine leichte Suppe (siehe unten).

LEICHTER STARTER: Feine Suppe mit Gemüsestreifen

Dazu 1 l Gemüsebrühe oder -fond (aus dem Glas) mit 1 EL getrockneten Steinpilzen etwa 15 Minuten bei geringer Hitze köcheln lassen. Inzwischen 300 g Knollensellerie, Petersilienwurzeln und Möhren (nach Belieben gemischt) schälen und in feine Streifen schneiden. 1 EL Butterschmalz in einer Pfanne schmelzen und darin die Gemüsestreifen bei mittlerer Hitze in etwa 5 Minuten bissfest braten. Die Brühe durch ein feines Sieb gießen und auffangen. Brühe in tiefe Teller oder Suppentassen verteilen und das Gemüse hineingeben. Servieren.

Zimtparfait mit Rotweinzwetschgen

Festliches Dessert, das sich komplett vorbereiten lässt

Zutaten für 4–6 Personen:
Für die Zwetschgen:
1 Bio-Orange
250 g getrocknete Zwetschgen (ohne Stein)
1/4 l trockener Rotwein
1 Stück Zimtstange (etwa 3 cm)
1 Nelke | 2 EL Honig
Für das Parfait:
1 Vanilleschote | 1/8 l Milch
3 sehr frische Eigelb (M) | 75 g Zucker
1 TL Zimtpulver | 200 g Sahne

Zubereitungszeit: 35 Minuten
+ 3–4 Stunden Gefrieren
Kalorien pro Portion (bei 6): 350 kcal

1_Orange heiß waschen und abtrocknen, Schale fein abreiben, Saft auspressen. Beides mit Zwetschgen, Wein, Zimt, Nelke und Honig in einem Topf aufkochen und etwa 10 Minuten offen bei mittlerer Hitze kochen lassen. In eine Schüssel umfüllen.

2_Für das Parfait die Vanilleschote der Länge nach aufschlitzen und das Mark mit dem Messerrücken herausschaben. Mark mit der Milch in einen kleinen Topf geben und zum Kochen bringen.

3_Die Eigelbe in einem anderen Topf mit Zucker und Zimt gründlich verrühren. Die Vanillemilch unter ständigem Schlagen mit dem Schneebesen dazufließen lassen. Eigelb-Vanille-Milch auf den Herd setzen und bei geringer bis mittlerer Hitze unter Rühren erwärmen, bis sie einmal aufpufft und cremig ist. Auf gar keinen Fall richtig kochen lassen, sonst gerinnt das Eigelb!

4_Die Vanillecreme in eine Schüssel umfüllen und abkühlen lassen, dabei ab und zu durchrühren. Die Sahne steif schlagen und unterheben. Die Masse in eine große Form (z. B. Rehrückenform, etwa 600 ml) oder in kleine Förmchen (je 100–150 ml) füllen und im Tiefkühlfach in 3–4 Stunden gefrieren lassen.

5_Parfait(s) aus dem Tiefkühler nehmen, die Form oder Förmchen kurz in heißes Wasser tauchen, Parfait(s) herausstürzen. Großes Parfait in Scheiben oder kleine Parfaits im Ganzen auf Teller setzen und mit den Zwetschgen garnieren.

Die fünfte Jahreszeit

Wenn Holunderblütensirup uns den Frühling ins Glas holt und Quittenlikör uns den Herbst schmecken lässt; wenn der Beerenketchup dem Kaninchen-rillettes noch eine Extra-Portion Sommer verleiht; wenn Zwetschgenmus und Apfelgelee unseren Mehlspeisen mitten im Winter die Frucht geben – immer dann bricht sie an, die fünfte Jahreszeit. Jene Zeit, in der wir ans Einge-machte gehen, um das Beste vom Jahr Löffel für Gabel zu genießen.

Einlegen & Einkochen – Feines auf Vorrat

Zucker und Salz, das Gute erhalt's – die wichtigsten Zutaten und Methoden zum Konservieren auf einen Blick.

Manche Dinge sind so gut, dass man sie einfach immer genießen möchte. Deswegen wurden Methoden entwickelt, um die besten und wertvollsten Produkte der Saison zu konservieren, damit sie auch in den Wochen und Monaten danach (vor allem in der kalten und dunklen Jahreszeit) gegessen werden können. So sind einige der berühmtesten Spezialitäten entstanden wie eingelegte Oliven, Parmaschinken oder Räucherlachs. Diese werden von Profis im Grunde ganz einfach hergestellt: ein paar Zutaten kombinieren, dann dem Ganzen Zeit lassen, fertig ist die Delikatesse. Und damit man auch mal selbst Hand anlegen kann, stellen wir hier die optimalsten Konservierungsmöglichkeiten für den Hausgebrauch vor: von »simpel, aber überzeugend« bis »komplexer, aber vom Feinsten«.

Bei allen Methoden des Konservierens sind zwei Sachen stets wichtig: Erstens muss das Grundprodukt erstklassig und so frisch wie möglich sein, damit es nicht nur richtig gut schmeckt, sondern auch lange hält. Zweitens: Alles, was mit den verwendeten Zutaten in Berührung kommt, muss wirklich ganz sauber sein. So kann sich das Eingemachte auch sauber weiterentwickeln – und nicht zur Zeitbombe in der Speisekammer werden. Daher alle Geräte und Behälter richtig heiß abspülen und mit einem frischen Tuch trocken reiben. Und natürlich die Produkte selbst und die Hände gut waschen.

Marinieren

Hier geht's nicht ums Marinieren von Steaks fürs Grillen, sondern um das Haltbarmachen auf lange Zeit, bei dem der Geschmack und die Konsistenz des Urprodukts stark verändert werden. Vor allem Gemüse und Früchte sind es, die etwa in Essig, Öl und Alkohol eingelegt werden – manchmal solo, manchmal mit noch ein paar Aromen extra, meistens kalt, selten auch in Kombination mit ein wenig Hitze. Viele Antipasti entstehen so, auch gebeizte Fische zählen wir hier dazu. Bei aromatisierten Essigen, Ölen und Likören wird das Prinzip des Marinierens umgedreht – hier dienen Früchte, Kräuter und Gewürze dazu, der eigentlichen »Marinade« einen feinen Geschmack zu geben, der dann beim Kochen in die Speisen gebracht wird. Rezepte dazu von Seite 128–133.

In Öl konservieren

Eine weitere Methode des Haltbarmachens ist, Lebensmitteln keine Luft zum Verderben zu lassen. Die Fertiggerichtbranche vakuumiert, das Einlegen in Öl (seltener auch Schmalz oder Rindertalg) ist alte Hausfrauentradition – um vor allem Fleisch, Fisch oder Gemüse von der Luft abzuschließen. Kommen noch Aromen wie Kräuter oder Gewürze ins Fett, gibt das zudem Geschmack. Beim Zubereiten von Confits oder Rillettes wird ebenfalls Fett als Konservierungsmittel genutzt (mehr dazu auf der folgenden Seite).

Milchsauer einlegen

Noch nie davon gehört? Aber bestimmt schon gegessen: Sauerkraut etwa, oder Salzgurken. Was einen auch nicht unbedingt weiterbringt – denn was haben Milch und Salz mit Säuern zu tun? Also: Um zum Beispiel Sauerkraut zu machen, wird Kohl zerkleinert und so bearbeitet, dass reichlich Säfte austreten. Diese enthalten Kohlenydrate (Stärke bzw. Zucker), die dann mithilfe von Bakterien in Milchsäure umgewandelt werden, die wiederum den Kohl haltbar und sauer macht. Damit dieses milchsaure Gären sich nicht in eine alkoholische Gärung verwandelt und alles verfault, kommt noch ordentlich Salz dazu, das den ganzen Vorgang in Griff hält. Auch muss das Gemüse stets gut mit Flüssigkeit (Lake) bedeckt sein, um nicht zu verderben. Also immer darauf achten!

So passiert das ebenfalls bei den Salzgurken und bei den Schnibbelbohnen. Angenehmer Nebeneffekt bei allem: Es entstehen Enzyme und Vitamine, die dem Körper Kraft geben und auch bei der Verdauung helfen. Rezept dazu auf Seite 126.

Haltbarmachen durch Salz, Süße und Schärfe

Zu süßen Konfitüren und scharfen Chutneys kommen wir zwar erst bei der Rubrik »Einkochen« auf der nächsten Seite, aber das gilt ebenfalls für sie: Wie Säure konserviert auch Zucker, Scharfes und Salz. Ein indonesisches Sambal oder eine Thai-Currypaste können nur schwer verderben, weil die eigene Schärfe sie »desinfiziert«. In Zucker gelegte Blüten oder Gewürze behalten dort sehr lange Aroma und Frische, weil ihnen jede Flüssigkeit entzogen wird, die sie verderben lassen könnte.

Einkochen mit Früchten: Gelee, Konfitüre und Marmelade

Frische Früchte sind wegen ihres hohen Wassergehalts sehr empfindlich, aber durch Zucker und Hitze werden sie zu einer der haltbarsten und bekanntesten Konserve, der Konfitüre. Der Zucker entzieht den Früchten das Wasser und bindet es, die Hitze tötet Keime ab. Vor allem Beeren und Steinobst eignen sich gut zum Einkochen, Saftigeres wird besser zu Gelee (z. B. aus Trauben) oder echter Marmelade (immer aus Zitrusfrüchten) verkocht.

Traditionelle Konfitüre kocht lange mit viel Zucker auf dem Herd, wodurch sie einen ganz eigenen Geschmack entwickelt – wie etwa beim Zwetschgenmus. Da dabei viele Nährstoffe und der frische Fruchtgeschmack verloren gehen, wird heute lieber Gelierzucker verwendet. In ihm steckt meistens Pektin, das die Konfitüre schneller gelieren lässt. Der »1:1«-Gelierzucker (1 kg Früchte auf 1 kg Zucker) wird immer mehr von der »2:1«-Variante abgelöst, die noch keine Konservierungsstoffe enthält und für ein intensives Fruchtaroma sorgt. Der »3:1«-Zucker lässt zwar noch mehr Frucht zu, allerdings kann man hier je nach Hersteller schon mal die Konservierungsstoffe herausschmecken.

Die frischen, gut gesäuberten, ganzen oder zerkleinerten Früchte kann man einige Stunden vorm Kochen mit dem Zucker vermischen. Dann werden sie auf dem Herd flott erhitzt und unter Rühren in wenigen Minuten bis zur gewünschten Gelierstufe gekocht. Zum Test einen Teelöffel voll auf einen kühlen Teller geben: Wird die Konfitüre rasch fest und bildet sich ein Häutchen, ist es Zeit zum Abfüllen. Hierfür am besten einen Einmachtrichter verwenden. Die Gläser vorher unbedingt gründlich heiß ausspülen, nach dem Befüllen fest zudrehen, 10 Minuten auf den Deckel stellen, wenden und abkühlen lassen – dann bleibt alles luftdicht. Rezepte dazu von Seite 134–137.

Einkochen mit Würze: Chutneys und andere Saucen

Bei pikant Eingekochtem unterstützen Chili, Salz, Essig und auch Zucker die Konservierung. Alles zusammen steckt in süßscharfen Chutneys, die ähnlich wie klassische Konfitüren lange gekocht werden. Am bekanntesten ist Mangochutney, es kann aber auch aus Äpfeln, Auberginen, Rhabarber, Gurken, Tomaten oder Zwiebeln eingekocht werden. Ein Verwandter ist der süßsaure Ketchup, und von dem ist es nicht weit zum Senf, der bekanntesten Würzpaste in unseren Breiten. Schärfe hält ihn frisch, und auch er kann leicht selbst gemacht werden. Rezepte dazu auf Seite 122–123.

Einkochen mit Fleisch: Wurst, Confits und Rillettes

Eine der ältesten Methoden, um Fleisch zu konservieren, ist das Wursten. Dazu wird es zerkleinert, in Därme gefüllt und dann getrocknet, geräuchert oder gebrüht. Haltbar machendes Salz kann entweder dem Wurstbrät zugesetzt werden oder die ganze Wurst wird damit eingerieben, wie bei vielen luftgetrockneten Sorten. Für den Hausgebrauch kann die Wurst auch in Gläser oder Dosen gefüllt und eingekocht werden, wie das oft mit Leberwurst oder Presssack geschieht. Eine sehr feine Version der Wurst sind die französischen Confits oder Rillettes, bei denen Fleisch am Stück (oft noch am Knochen) mit reichlich Fett so lange gegart wird, bis es streichzart ist. Dann kommt alles zerpflückt in Tiegel oder Gläser und wird dort im eigenen Fett konserviert. Rezept dazu auf Seite 121.

Extra: Räuchern

Wer selbst räuchert, kann sich so richtig country fühlen. Und man braucht auch nicht unbedingt einen Garten oder speziellen Ofen dazu – in der Küche in einem Bräter oder schweren Wok mit Deckel geht es auch. Ideal für den Hausgebrauch ist das Heißräuchern von Fisch, wobei dieser bei 60–90 Grad gegart wird und am besten noch lauwarm schmeckt – sehr haltbar wird er dadurch allerdings nicht. Zum richtigen Konservieren ist Kalträuchern bei maximal 25 Grad besser, das aber mehrere Tage dauern kann, in denen ständig Glut und Temperatur kontrolliert werden müssen. Country, aber nicht basic. Hier die Basics fürs Heißräuchern von Forellen:

1 Die Forellen sollten auf jeden Fall sehr frisch, sauber ausgenommen und gut abgespült sein. Dann werden sie für 10–12 Stunden in Salzlake eingelegt – etwa 70 g Salz auf 1 l kaltes Wasser. Wer mag, kann auch noch Aromen wie Wacholderbeeren, Senfkörner, Fenchelsamen oder Lorbeerblätter dazugeben. Dabei darauf achten, dass die Fische mit der Lake bedeckt sind und während des Einlegens im Kühlschrank stehen.

2 Anschließend die Fische aus der Salzlake nehmen, gut trocken tupfen und an einem Haken an einer Leine oder auf einem Gitter 1–2 Stunden an der Luft, aber nicht direkt in der Sonne trocknen lassen. So bekommen sie beim Räuchern eine schöne Farbe und werden nicht schmierig.

3 Nun einen großen Wok oder Bräter mit Alufolie auskleiden und eine knapp fingerdicke Schicht Räuchermehl hineingeben (gibt es in Bäumärkten und im Anglerladen zu kaufen oder im Internet zu bestellen, ist fast immer gemahlen aus unbehandeltem Buchenholz, oft mit Gewürzen versetzt).

4 Wok oder Bräter auf den Herd stellen und erhitzen, bis es zu rauchen beginnt. Derweil die Forellen auf ein Gitter oder eine gelochte Grillschale legen, die ein paar Zentimeter über dem Mehl angebracht werden kann.

5 Gitter oder Schale in den Wok oder Bräter stellen, zudecken. Die Fische bei geringer Hitze etwa 45 Minuten räuchern. (Filets sind je nach Dicke in 10–20 Minuten gar.) Fische herausholen, filetieren, möglichst frisch genießen. Abgekühlt in einer luftdichten Box halten sie 1 Woche im Kühlschrank.

Bohnenkraut-schmalz

Genial auf knusprigem
Bauernbrot

Zutaten für 2 Twist-off-Gläser oder
  Schmalztöpfchen (je etwa 400 ml):
800 g fetter (grüner) Rückenspeck
  (roh und ungeräuchert)
1 Stange Lauch
1 säuerlicher Apfel
1/2 Bund Bohnenkraut
Salz | Pfeffer

Zubereitungszeit: 20 Minuten
+ 1 Stunde Garen
Haltbarkeit: 3–4 Monate
Kalorien pro Glas: 1100 kcal

1_Den Rückenspeck zuerst in dünne
Scheiben schneiden, dann klein würfeln
und in einen Topf geben. Den Speck bei
geringer Hitze in etwa 40 Minuten langsam auslassen, bis das Fett flüssig wird
und nur noch kleine feste Stückchen zu
sehen sind. Dabei ab und zu umrühren.

2_Von dem Lauch das Wurzelbüschel und
die welken Teile abschneiden. Die Stange
der Länge nach aufschlitzen und gründlich
waschen, auch zwischen den Schichten.
Den Lauch in nicht zu dünne Streifen
schneiden. Den Apfel vierteln, schälen,
entkernen und klein würfeln. Das Bohnenkraut abbrausen, trocken schütteln und
die Blättchen abstreifen.

3_Lauch und Apfel mit dem Bohnenkraut
zum Rückenspeck geben. Alles weitere
10 Minuten garen, dabei oft durchrühren.

4_Schmalz mit Salz und Pfeffer würzen
und in die gründlich gesäuberten Gläser
oder Töpfchen füllen. Auskühlen lassen,
verschließen und kalt lagern.

Kaninchen-rillettes

Feinkost-Brotaufstrich aus Frankreich

Zutaten für 2 Twist-off-Gläser
  (je etwa 1/2 l):
3 Kaninchenkeulen (etwa 850 g)
300 g fetter roher Schweinebauch
  (ohne Schwarte)
150 g fetter (grüner) Rückenspeck
  (roh und ungeräuchert)
1/4 Bund Thymian
2 Knoblauchzehen
2 Schalotten | 2 Lorbeerblätter
1 getrocknete Chilischote
Salz | Pfeffer
je 1 kräftige Prise frisch geriebene
  Muskatnuss und Zimtpulver
100 g Schweine- oder Gänseschmalz
100 ml Noilly Prat (Wermut) oder
  trockener Weißwein

Zubereitungszeit: 1 Stunde
+ 4 1/2 Stunden Garen
Haltbarkeit: 2 Monate
Kalorien pro Glas: 2100 kcal

1_Backofen auf 140 Grad vorheizen (erst später einschalten: Umluft 120 Grad). Die Kaninchenkeulen waschen und trocken tupfen. Den Schweinebauch und Speck in etwa 1 cm breite Scheiben, dann in ebenso große Würfel schneiden. Thymian abbrausen und trocken schütteln. Knoblauch und Schalotten schälen und grob hacken.

2_Die vorbereiteten Zutaten mit Lorbeerblättern, Chili, Salz, Pfeffer, Muskat und Zimt in einem Bräter (am besten aus Gusseisen) mischen. Schmalz in Stücke teilen und mit dem Noilly Prat oder dem Weißwein dazugeben.

3_Bräter zugedeckt in den Ofen (Mitte) stellen und alles etwa 4 Stunden garen, bis das Kaninchenfleisch so mürbe ist, dass es von selbst von den Knochen fällt.

4_Ein großes Sieb in eine Schüssel hängen und den ganzen Bräterinhalt hineingießen. Kaninchenfleisch von den Knochen lösen und in Stücke zupfen, das Schweinefleisch ebenfalls fein zerfasern.

5_Das Kaninchen- und Schweinefleisch wieder in einen Topf geben. Vom in der Schüssel gesammelten Fett 2 Schöpflöffel (etwa 150 ml) abnehmen und zum Fleisch geben. Die Fleisch-Fett-Mischung erhitzen und bei geringer bis mittlerer Hitze nochmals etwa 10 Minuten garen, bis eine geschmeidige Masse entsteht. Mit Salz und Pfeffer abschmecken.

6_Für die Gläser in einem Topf Wasser zum Kochen bringen. Die Gläser einlegen und etwa 5 Minuten in dem kochenden Wasser sterilisieren, dann kopfüber auf einem Küchentuch abtropfen lassen.

7_Die Rillettesmasse in die abgetropften Gläser füllen und sehr gut hineindrücken, damit keine Luftlöcher entstehen. Vom restlichen Fett in der Schüssel nach und nach etwas abnehmen und jeweils etwa 1 cm hoch in die Gläser füllen. Die Fettschicht fest werden lassen und die Gläser verschließen. Kalt aufbewahren.

Rhabarber-chutney

Besonders fein zu
Geflügel, kaltem Braten
und zu Käse

Zutaten für 6 Twist-off-Gläser
  (je etwa 1/8 l):
750 g Rhabarber
1 Zwiebel
2 Knoblauchzehen
1 Stück Ingwer (etwa 3 cm)
1–2 rote oder grüne Chilischoten
100 g getrocknete Cranberrys
  (ersatzweise Rosinen oder
  gewürfelte Trockenaprikosen)
2 TL gelbe Senfkörner
250 g brauner Zucker
1/8 l Apfel- oder Weißweinessig
Salz

Zubereitungszeit: 50 Minuten
+ 1 Stunde Ruhen
Haltbarkeit: mindestens 1 Jahr
Kalorien pro Glas: 250 kcal

1_Rhabarber waschen und die Enden abschneiden. Wenn sich dabei Fäden lösen,
diese gleich mit abziehen. Den Rhabarber
in etwa 1 cm breite Stücke schneiden. Die
Zwiebel, den Knoblauch und den Ingwer
schälen und ganz fein hacken. Die Chili-
schote(n) waschen, entstielen und mit
den Kernen (oder ohne, dann wird das
Chutney milder) fein schneiden.

2_Rhabarber, Zwiebelmischung, Chili(s),
Cranberrys, Senfkörner, Zucker und den
Essig in einem Topf mischen. Etwa 1/2 EL
Salz unterrühren und alles etwa 1 Stunde
ruhen und Saft ziehen lassen. Dann unter
Rühren zum Kochen bringen.

3_Das Chutney offen bei geringer bis
mittlerer Hitze etwa 20 Minuten kochen
lassen, bis es sämig und dickflüssig ist.
Zwischendurch häufig umrühren, damit
nichts anbrennt.

4_Das Chutney abschmecken und ganz
heiß in die gründlich gesäuberten Gläser
füllen. Die Gläser gleich verschließen und
das Chutney auskühlen lassen. Kühl aufbewahren.

Beerenketchup

Wunderbar fruchtige Variante
vom US-Klassiker

Zutaten für 2 Flaschen (je etwa 350 ml):
1 kg Beeren (am besten gemischt:
  z. B. weiße oder rote Johannisbeeren,
  Stachelbeeren und Himbeeren)
1 Bund Frühlingszwiebeln
2 Knoblauchzehen
1 Stück Ingwer (etwa 1 cm)
1/2 Bund Thymian | 1 Zweig Rosmarin
1 EL geschmacksneutrales Öl
150 ml Essig (z. B. Apfel- oder milder
  Weißweinessig)
50 g Zucker
2 TL schwarze Pfefferkörner
1 Stück Zimtstange (etwa 3 cm)
Salz

Zubereitungszeit: 30 Minuten
+ 30 Minuten Kochen
Haltbarkeit: mindestens 6 Monate
Kalorien pro Flasche: 395 kcal

1_Die Beeren verlesen: alle unschönen
Beeren aussortieren. Die Johannisbeeren
mit einer Gabel von den Stielen abstreifen. Alle Beeren in einem Sieb vorsichtig
abbrausen und abtropfen lassen.

2_Die Frühlingszwiebeln putzen, waschen und fein hacken. Knoblauch und Ingwer schälen, fein hacken. Kräuter abbrausen und trocken schütteln, Blättchen abzupfen.

3_Öl in einem Topf erhitzen. Zwiebeln, Knoblauch, Ingwer und Kräuter darin bei mittlerer Hitze andünsten. Beeren, Essig, Zucker, Pfefferkörner, Zimt und wenig Salz untermischen. Offen bei geringer Hitze in etwa 30 Minuten dickflüssig einkochen.

4_Die Mischung durch ein Sieb streichen, auffangen und wieder in den Topf geben. Mit Salz abschmecken. Den Ketchup unter Rühren aufkochen und sofort in gründlich gesäuberte Flaschen füllen. Verschließen und auskühlen lassen. Kühl lagern.

VARIANTE: Tomatenketchup

2 Zwiebeln, 2 Knoblauchzehen und 1 cm Ingwer schälen und hacken. Mit je 1/2 EL Thymian- und Rosmarinblättchen in 1 EL Öl andünsten. 1 kg gehäutete gewürfelte vollreife Tomaten, 150 ml Apfelessig, 80 g Zucker, 2 TL Pfefferkörner, etwa 2 cm Zimtstange und je 1 TL Piment-, Koriander- und Senfkörner unterrühren, ein wenig salzen. Wie beschrieben in etwa 40 Minuten einkochen und fertigstellen.

Selbst gemachter Senf

Ein hochwillkommenes Mitbringsel

Zutaten für 4 Twist-off-Gläser
  (je etwa 150 ml):
1 Zwiebel
2 Knoblauchzehen
je 2 Wacholderbeeren und Nelken
1 TL Korianderkörner
2 Lorbeerblätter
1/4 l Apfelessig
2 TL Salz
2 EL Zucker
100 g schwarze Senfkörner
100 g gelbes Senfmehl
1 EL Apfeldicksaft oder
  Zuckerrübensirup

Zubereitungszeit: 30 Minuten
+ 2 Tage Ruhen
+ 1 Woche Ziehen
Haltbarkeit: mindestens 1 Jahr
Kalorien pro Glas: 300 kcal

1_Zwiebel schälen und in dünne Ringe schneiden. Den Knoblauch schälen und halbieren. Beides mit Wacholderbeeren, Nelken, Korianderkörnern und Lorbeerblättern in einen Topf geben. Den Apfelessig und 1/4 l Wasser dazugießen, das Salz unterrühren. Den Sud zum Kochen bringen und offen etwa 15 Minuten bei mittlerer Hitze kochen lassen.

2_Den Zucker, die Senfkörner und das Senfmehl in einer Schüssel mischen. Den Sud durch ein Sieb dazugießen und unterrühren. Das Ganze zugedeckt etwa 2 Tage an einem kühlen Ort ruhen lassen.

3_Den Senfansatz dann in der Küchenmaschine oder in einem Mixer mit dem Apfeldicksaft oder dem Zuckerrübensirup mischen und sehr fein durchmixen. Den Senf in die gründlich gesäuberten Gläser füllen, gut verschließen und vor dem Gebrauch noch 1 Woche ziehen lassen. Kühl aufbewahren.

Joghurt

**Geht ganz einfach
und kostet ganz wenig**

Zutaten für 4 Twist-off-Gläser
  (je etwa 1/4 l):
1 l frische Milch (3,5 % Fett oder
  fettarm, keine H-Milch nehmen!)
150 g Naturjoghurt (3,5 % Fett,
  nicht wärmebehandelt und ohne
  Zusätze!)
Außerdem:
(digitales) Küchenthermometer

Zubereitungszeit: 10 Minuten
+ 1 1/4 Stunden Kühlen
+ 8 1/2 Stunden Ruhen
Haltbarkeit: 3–4 Tage
Kalorien pro Glas: 185 kcal

1_Die Milch in einem Topf auf 90 Grad erhitzen (am besten mit dem Thermometer
messen; die Temperatur ist erreicht, kurz
bevor die Milch kocht). Dann die Milch auf
50 Grad abkühlen lassen (wieder messen),
das dauert gute 15 Minuten.

2_Den Backofen auf 50 Grad einschalten
(Ober- und Unterhitze nehmen, Umluft ist
nicht empfehlenswert). Die gründlich gesäuberten Gläser bereitstellen.

3_Den Joghurt mit dem Schneebesen
unter die Milch rühren. Die Mischung in
die Gläser verteilen, auf dem Blech in den
Ofen (Mitte) stellen und 30 Minuten darin
ruhen lassen. Dann den Ofen ausschalten
und den Joghurt weitere 8 Stunden im
Ofen stehen lassen.

4_Der Joghurt ist nach dieser Zeit zwar
fest, schmeckt aber gekühlt viel besser:
deshalb noch mindestens 1 Stunde in den
Kühlschrank stellen, bevor man ihn dann
genießt. Und: Richtig fein schmeckt er
3–4 Tage lang, danach ist er zwar nicht
schlecht, hat aber seine Frische doch ein
bisschen verloren.

TIPP

Diesen frisch gemachten Joghurt kann
man jetzt 3- bis 4-mal zum Ansetzen von
neuem Joghurt verwenden, danach ver-
liert er an Wirkkraft. In diesem Fall neuen
unbehandelten Joghurt kaufen und zum
Ansetzen nehmen.

Dickmilch

**Die Grundlage für Quark
und Frischkäse**

Zutaten für 2 Twist-off-Gläser
  (je etwa 1/2 l):
1 l frische Bio-Milch (3,5 % Fett,
  keine H-Milch nehmen!)

Zubereitungszeit: 10 Minuten
+ 1 Stunde Kühlen
+ 1–2 Tage Ruhen
Haltbarkeit: 3–4 Tage
Kalorien pro Glas: 320 kcal

1_Die Milch in einem Topf nur einmal
kurz aufkochen, dann gleich wieder auskühlen lassen. Die gründlich gesäuberten
Gläser bereitstellen.

2_Die Haut, die sich beim Auskühlen
gebildet hat, abnehmen. Die Milch in die
Gläser füllen, mit einem luftdurchlässigen
Tuch abdecken und bei Raumtemperatur
1–2 Tage ruhen lassen, bis sie dick wird.

3_Die Milch ist dann so fest geworden,
dass man sie gut löffeln kann. Besonders
fein schmeckt sie: siehe Joghurt.

Dazu passt: Obstsalat, Fruchtkompott oder einfach Zucker und Zimt.

VARIANTE: Quark

Ein großes Sieb mit einem Küchentuch auskleiden und in eine Schüssel hängen. Die Dickmilch hineingießen, mit einem weiteren Tuch abdecken und über Nacht abtropfen lassen. Am nächsten Tag das Tuch zusammendrehen und noch so viel Molke auspressen, bis der Quark die gewünschte Konsistenz hat.

TIPPs

Man kann für die Herstellung von Dickmilch und Quark sehr gut ganz frische Milch direkt vom Bauernhof verwenden, aber natürlich auch Qualitäts-Bio-Milch aus dem Laden. In jedem Fall muss sie aber gründlich erhitzt werden, damit eventuell enthaltene Bakterien abgetötet werden.
Und: Sowohl die Dickmilch als auch den Quark möglichst bald verbrauchen (siehe Joghurt).

Frischkäse

Macht ein bisschen Arbeit, schmeckt aber unvergleichlich gut

Zutaten für etwa 300 g:
1 l frische Bio-Milch (3,5 % Fett, keine H-Milch nehmen!)
100 g Buttermilch oder Dickmilch (fertig gekauft oder selbst gemacht, siehe links)
1 geh. TL Salz
1/2 TL flüssiges Lab (bekommt man übers Internet oder in der Apotheke)
Außerdem:
(digitales) Küchenthermometer

Zubereitungszeit: 30 Minuten
+ 4 1/2 Stunden Abkühlen und Ruhen
+ 2–3 Stunden Abtropfen
Haltbarkeit: 1 Woche
Kalorien pro Portion: 701 kcal

1_Die Milch in einem Topf erhitzen, bis sie fast kocht, dann auf etwa 30 Grad abkühlen lassen (mit dem Thermometer messen). Milch in eine Schüssel gießen und die Butter- oder Dickmilch und das Salz mit einem Schneebesen kräftig unterschlagen.

2_Das Lab mit 100 ml lauwarmem Wasser verrühren und ebenfalls mit dem Schneebesen unter die Milch rühren. Das Ganze jetzt etwa 30 Minuten bei Raumtemperatur stehen lassen, bis aus der Milch eine feste Masse geworden ist. Die Schüssel dabei nicht bewegen!

3_Diese feste Masse mit einem langen Messer kreuz und quer in kleine Stücke schneiden (dadurch trennt sich die Molke von der festen Masse) und nochmals etwa 20 Minuten stehen lassen. Dabei wieder die Schüssel nicht bewegen!

4_Ein großes Sieb mit einem angefeuchteten Küchentuch auslegen und in eine Schüssel hängen. Molke und Käsebruch im Topf langsam erwärmen, bis die Molke etwa 38 Grad hat (Thermometer!).

5_Die Mischung vorsichtig in das Sieb gießen und noch einmal etwa 3 Stunden ruhen lassen. Dann die Enden des Tuchs zusammendrehen, mit einer Schnur am oberen Ende zusammenbinden und über der Schüssel aufhängen. Den Frischkäse 2–3 Stunden hängen und abtropfen lassen, bis er die gewünschte Konsistenz hat.

Sauerkraut
Vitamin-C-Power für den Winter

Zutaten für 1 Tontopf (etwa 4 l,
  etwa 2 kg fertiges Kraut):
1 großer Weißkohl (etwa 2 1/2 kg)
gut 2 EL feines Meersalz (35 g)
1 EL Zucker (15 g)
je 1 TL Wacholderbeeren, gelbe
  Senfkörner und Kümmelsamen
3 Lorbeerblätter
100 ml trockener oder halbtrockener
  Weißwein
Außerdem:
Tee-Ei
glasierter Tontopf mit exakt hinein-
  passendem Holzbrett und Stein zum
  Beschweren
Stampfer aus Holz oder Edelstahl

Zubereitungszeit: 30 Minuten
+ 12 Tage Gären
+ 2 Wochen Reifen
Haltbarkeit: mindestens 6 Monate
Kalorien pro Topf: 620 kcal

1_Den Kohl waschen, das Strunkende abschneiden und ein schönes, möglichst intaktes Blatt vorsichtig vom Kopf ablösen. Den restlichen Kohl vierteln, den Strunk großzügig abschneiden. Den Kohl in feine Streifen hobeln oder mit einem großen Messer in feine Streifen schneiden.

2_Den Kohl in eine Schüssel geben, das Salz und den Zucker darüberstreuen und gründlich untermischen. Wer mag, kann das Ganze auch mit den Händen leicht durchkneten, dann bildet sich nachher schneller Saft. Gewürze im Mörser zerstoßen und ins Tee-Ei füllen. Den Tontopf heiß ausspülen und abtrocknen.

3_Die Kohlstreifen in der Schüssel mit dem Stampfer so lange durchstampfen, bis sie glasig aussehen und Saft austritt. Die Hälfte des Kohls in den Topf füllen, mit dem Tee-Ei und 2 Lorbeerblättern belegen. Restlichen Kohl einfüllen und alles mit dem Stampfer nochmals kurz durchstampfen. Den Wein gleichmäßig darübergießen, übriges Lorbeerblatt auflegen und das Kraut mit dem ganzen Kohlblatt abdecken. Das Brett darauflegen und mit dem Stein beschweren.

4_Topf mit einem Küchentuch abdecken und in einen kühlen Raum stellen. Kraut etwa 12 Tage gären lassen. Den Schaum, der sich dabei bildet, alle 4–5 Tage abschöpfen. Dann das Kraut mit einem Kochlöffelstiel an einigen Stellen durchbohren, damit die Gärgase entweichen können.

5_Das Kraut nun noch etwa 2 Wochen reifen lassen. Dann ist es fertig und kann gegessen werden. An einem kühlen Ort oder im Kühlschrank kann man es aber auch noch einige Monate aufheben.

TIPP
Am besten gelingt das Sauerkraut mit Winterkohl. Bei diesem hat sich nämlich – im Gegensatz zum Sommerkohl – schon mehr Zucker gebildet, der für das saure Vergären wichtig ist.

VARIANTE: Koreanischer eingelegter Chinakohl

1 1/2 kg Chinakohl putzen, längs halbieren und waschen, die Hälften nochmals längs vierteln. 1 weißen Rettich schälen, längs vierteln und quer in breite Streifen schneiden. Beides in einer großen Schüssel gut vermischen. 100 g Salz mit 1/4 l Wasser aufkochen und 2 l kaltes Wasser dazugießen, zur Kohlmischung geben und vermengen. Den Kohl so beschweren, dass er ganz unter Wasser ist, und etwa 1 Tag stehen lassen. 4 Frühlingszwiebeln und 3 rote Chilischoten putzen und waschen, 4 Knoblauchzehen und 1 Stück Ingwer (etwa 30 g) schälen, alles möglichst fein hacken oder im Mörser zerstoßen. Mit 1 EL edelsüßem Paprikapulver und 50 ml Fischsauce mischen. Kohl in einem Sieb abtropfen lassen, Lake auffangen. Kohl mit der Würzmischung vermengen und in den Tontopf geben. So viel Lake angießen, dass der Kohl gut davon bedeckt ist. Bei Raumtemperatur etwa 2 Tage gären, dann im Keller noch weitere 2–3 Wochen reifen lassen. Fertig. Der Chinakohl schmeckt als Beilage zu allen asiatischen Gerichten. Er hält sich mindestens 1 Monat – bei guter »Pflege« (siehe TIPP) auch länger.

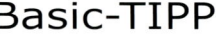

Basic-TIPP
Milchsauer eingelegtes Gemüse bleibt viele Monate haltbar, wenn man es regelmäßig »pflegt«: Möglichst jede Woche die Abdeckung abnehmen und die weißliche Schicht, die sich auf der Flüssigkeit gebildet hat, entfernen. Das geht am besten mit einem Löffel – schön flach halten und die Schicht abheben. Und wenn die Flüssigkeit im Topf zu wenig wird – sie soll ja immer über dem Gemüse stehen – kommt abgekochtes, wieder ausgekühltes Wasser nach Bedarf dazu.

Essig-Honig-Gürkchen

Süßsaures vom Feinsten – selber zur Brotzeit essen oder guten Freunden schenken!

Zutaten für 4 Twist-off-Gläser
  (je etwa 400 ml):
1 kg kleine Einleggurken
100 g feines Meersalz
1 Stück Ingwer (etwa 2 cm)
4 Dillblüten (gibt es auf dem Gemüse-
  markt, ersatzweise 1 Bund Dill)
4 getrocknete Chilischoten
4 Lorbeerblätter
1 EL gelbe Senfkörner
1/2 l Apfelessig
100 g Honig

Zubereitungszeit: 30 Minuten
+ 15 Tage Ziehenlassen
Haltbarkeit: mindestens 1 Jahr
Kalorien pro Glas: 45 kcal

1_Die Gurken waschen und die Stiele ab-schneiden. Salz mit 1 1/2 l kaltem Wasser in einer Schüssel verrühren, die Gurken dazugeben und 1 Tag bei Raumtempera-tur im Salzwasser ziehen lassen.

2_Die Gurken dann mit einem Schaum-löffel aus dem Salzwasser heben, kurz abbrausen, abtropfen lassen und in die gründlich gesäuberten Gläser füllen. Das Salzwasser nicht wegschütten.

3_Ingwer schälen und in dünne Scheiben schneiden. Die Dillblüten abbrausen und trocken schütteln. Ingwer und Dillblüten, Chilischoten, Lorbeerblätter und die Senf-körner auf die Gläser verteilen.

4_Den Apfelessig mit 1/2 l Salzwasser zum Kochen bringen. Honig untermischen und die Flüssigkeit abkühlen lassen. Den Honigsud über die Gurken gießen, Gläser gut verschließen und die Gurken vor dem Servieren an einem kühlen Ort noch min-destens 2 Wochen ziehen lassen.

TIPP
In Essigsud eingelegte Gemüse kann man mindestens 1 Jahr aufheben. Am besten an einem kühlen und eher dunklen Ort lagern. Nach dem Öffnen die Gläser auf jeden Fall in den Kühlschrank stellen.

Süßsauer ein-gelegter Kürbis

Optimale Verwertung für Kürbis im Überfluss, ganz besonders gut zu deftiger Wurst und Schweinefleisch

Zutaten für 6 Twist-off-Gläser
  (je etwa 400 ml):
1 Stück Muskatkürbis (etwa 1 1/2 kg)
3/4 l Weißwein- oder Apfelessig
3 EL Meersalz
250 g Zucker
2 EL gelbe Senfkörner
1 EL schwarze Pfefferkörner
4 Nelken
2 TL Wacholderbeeren
4 Lorbeerblätter

Zubereitungszeit: 35 Minuten
+ 15 Tage Ziehenlassen
Haltbarkeit: mindestens 1 Jahr
Kalorien pro Portion: 90 kcal

1_Den Kürbis in Spalten schneiden und die Kerne samt dem faserigen Frucht-fleisch mit einem Löffel abschaben. Den Kürbis schälen, in mundgerechte Stücke schneiden und in eine Schüssel legen.

2_Den Essig mit 1/4 l Wasser, dem Salz, dem Zucker, allen Gewürzen und den Lorbeerblättern in einen Topf geben und zum Kochen bringen. Den Essigsud auskühlen lassen und über die Kürbisstücke gießen. Kürbis etwa 1 Tag bei Raumtemperatur ziehen lassen.

3_Den Kürbis dann mit dem Sud zum Kochen bringen und etwa 2 Minuten kochen lassen, bis die Stücke bissfest sind. Kürbis samt Sud auf die gründlich gesäuberten Gläser verteilen und gut verschließen. Vor dem Servieren an einem kühlen Ort noch mindestens 2 Wochen ziehen lassen.

TIPP
Auf die gleiche Art lassen sich auch gut Salatgurken, Zucchini, Paprikaschoten, Kohlrabi, Rote Beten und vieles mehr einlegen. Zarte Gemüse wie Zucchini nach dem ersten Ziehen nur kurz im Sud aufkochen, damit sie nicht zu weich werden. Härtere Gemüse wie Kohlrabi, Möhren oder Rote Beten dagegen garen, bis sie bissfest sind.

Balsamico-zwiebeln

Klassiker fürs Antipasti-Büfett, aber auch solo gut – zum Beispiel zu Salami, Schinken oder Käse

Zutaten für 4 Twist-off-Gläser (je etwa 1/2 l):
1 kg kleine Zwiebeln oder Schalotten
1 Bio-Orange | 1/4 Bund Thymian
2 getrocknete Chilischoten
100 g Zucker | 1/2 l Aceto balsamico
300 ml trockener Weißwein (ersatzweise Wasser)
1 EL Meersalz | 2 EL Kapern (wer mag)

Zubereitungszeit: 1 Stunde
+ 1 Woche Ziehenlassen
Haltbarkeit: mindestens 1 Jahr
Kalorien pro Glas: 120 kcal

1_Die Zwiebeln oder Schalotten schälen und ganz lassen. Orange heiß waschen und abtrocknen, die Schale dünn (ohne das Weiße darunter) abschneiden und in grobe Stücke teilen. Den Orangensaft auspressen. Thymian abbrausen und trocken schütteln. Die Chilischoten im Mörser leicht andrücken.

2_Den Zucker in einem weiten Topf bei mittlerer Hitze schmelzen lassen. Die Zwiebeln oder Schalotten einrühren und leicht bräunen. Balsamico, Orangensaft und den Wein angießen. Orangenschale, Thymian und Chili mit dem Salz dazugeben und alles zum Kochen bringen. Die Zwiebeln etwa 5 Minuten kochen lassen.

3_Zwiebeln oder Schalotten aus dem Sud heben und auf die gründlich gesäuberten Gläser verteilen. Sud nochmals aufkochen und eventuell die Kapern unterrühren. Den Sud über Zwiebeln oder Schalotten schöpfen und die Gläser gut verschließen. Vor dem Servieren an einem kühlen Ort noch mindestens 1 Woche ziehen lassen.

VARIANTE: Rotwein-Pfeffer-Zwiebeln
1 kg Zwiebeln oder Schalotten schälen und wie beschrieben in 100 g Zucker karamellisieren lassen. Mit 1/4 l Rotweinessig und 1/2 l trockenem Rotwein 2 Minuten kochen. 1 EL feines Meersalz und 1 EL frische grüne Pfefferkörner untermischen und die Zwiebeln oder Schalotten in die Gläser füllen.

Kirschessig

Schnell und einfach gemacht

Zutaten für 2 Flaschen (je etwa 1/2 l):
250 g Süßkirschen
1 Zweig Rosmarin
3/4 l Weißweinessig (unbedingt
  eine gute Qualität kaufen)
1 TL schwarze Pfefferkörner
1 Wacholderbeere

Zubereitungszeit: 15 Minuten
+ 1 Woche Ziehenlassen
Haltbarkeit: mindestens 1 Jahr
Kalorien pro Flasche: 95 kcal

1_Die Kirschen waschen und von den Stielen zupfen. Die Steine aus den Früchten entfernen: Ganz einfach geht das mit einem Kirschentsteiner. Wer keinen hat, schneidet die Kirschen an einer Seite auf und holt die Steine heraus. Den Rosmarin abbrausen und gut trocken tupfen.

2_Die Kirschen und den Rosmarin in eine große Flasche oder ein verschließbares Glas geben. Den Essig, die Pfefferkörner und die Wacholderbeere dazugeben. Die Flasche oder das Glas verschließen und alles an einem kühlen Ort etwa 1 Woche durchziehen lassen.

3_Der Essig hat sich dann rot gefärbt und duftet fein nach Kirschen. Den Essig durch ein feines Sieb in die gründlich gesäuberten Flaschen füllen. Die Kirschen dabei im Sieb leicht ausdrücken, damit sie noch ein bisschen mehr Aroma abgeben. Die Flaschen gut verschließen und den Essig dunkel und kühl lagern.

Passt zu: sommerlichen Gemüsesalaten und zu Blattsalaten, aber auch zum Verfeinern von Saucen oder Kohlgemüse.

TIPPs
Statt der Kirschen auch mal Himbeeren, Brombeeren oder Johannisbeeren in dem Essig ziehen lassen.
Wer möchte, kann auch noch 1 Scheibe Ingwer (geschält) mit den Früchten zum Essig geben und darin ziehen lassen.

Rosmarin-Chili-Öl

Besonders fein zum Nachwürzen von Pizza, Pasta und vielem mehr

Zutaten für 1 Flasche (etwa 300 ml):
5 Zweige Rosmarin
1 rote Chilischote
1 Knoblauchzehe
1/4 l gutes Olivenöl

Zubereitungszeit: 15 Minuten
+ 2 Wochen Ziehenlassen
Haltbarkeit: mindestens 6 Monate
Kalorien: 2250 kcal

1_Flasche in einen Topf mit ausreichend Wasser geben, zum Kochen bringen und 5 Minuten darin kochen lassen. Flasche herausnehmen, zum Abtropfen auf ein Tuch stellen. So lange abtropfen lassen, bis kein Wasser mehr im Inneren ist.

2_Den Rosmarin abbrausen und sehr gut trocken tupfen. Die Chilischote waschen und auch sehr gut abtrocknen. Den Stiel abschneiden und die Schote der Länge nach halbieren. Den Knoblauch schälen und vierteln.

3_Den Rosmarin, die Chilischote und den Knoblauch in die sterilisierte Flasche einfüllen. Das Öl dazugießen – alle Zutaten sollen komplett davon bedeckt sein, damit sie nicht verderben können.

4_Die Flasche gut verschließen und das Öl an einem dunklen, kühlen Ort etwa 2 Wochen ziehen lassen. Dann Rosmarin, Chili und Knoblauch herausfischen und die Flasche wieder verschließen. Das Öl dunkel und kühl aufbewahren.

TIPP

Das Öl nach der Ruhezeit probieren. Wem es noch nicht scharf genug ist, würzt nach: 1 getrocknete Chilischote im Mörser leicht andrücken und mit zum Öl in die Flasche geben. Die getrocknete Schote kann dann so lange drin bleiben, bis das Öl aufgebraucht ist.

Quittenlikör

Super zum Verschenken

Zutaten für 2 Flaschen (je etwa 1/2 l):
1 1/2 kg Quitten | 300 g Zucker
1 Zimtstange | 4 Nelken
1/2 l Doppelkorn (38 % vol.)

Zubereitungszeit: 50 Minuten
+ 3–4 Wochen Ziehenlassen
Haltbarkeit: mindestens 1 Jahr
Kalorien pro Flasche: 1205 kcal

1_Flaum der Quitten mit einem Küchentuch gut abreiben. Die Quitten waschen, vierteln und in der Küchenmaschine oder in einem Mixer fein zerkleinern. Mit dem Zucker in einen Topf geben und erhitzen, bis sich Saft bildet, dann auskühlen lassen. Die Quittenmasse portionsweise in ein Küchentuch geben, das Tuch zusammendrehen und den Saft auspressen und auffangen (es wird etwa 1/2 l). Den Quittensaft auskühlen lassen.

2_Quittensaft, Gewürze und Korn in eine große Flasche oder ein verschließbares Glas geben. Die Flasche oder das Glas verschließen und alles an einem warmen Ort 3–4 Woche durchziehen lassen.

3_Den Liköransatz durch ein feines Sieb (am besten mit Filterpapier drin) in die gründlich gesäuberten Flaschen füllen und gut verschließen. Den Likör dunkel und kühl lagern.

VARIANTE: Kaffeelikör

2 Vanilleschoten längs aufschlitzen und das Mark herauskratzen. Das Mark und die Schoten mit 250 g Zucker und 1/2 l Wasser in einem Topf bei starker Hitze in etwa 15 Minuten zu einem Sirup kochen. 1/8 l starken Espresso kochen, den Sirup durch ein Sieb dazugießen, auskühlen lassen. Die Mischung mit 1/2 l Doppelkorn (38 % vol.) verrühren, in die Flaschen füllen. Den Likör vorm Genießen mindestens 1 Woche ziehen lassen.

VARIANTE: Kräuterlikör

Aus 250 g Zucker, 4 cm Bio-Zitronenschale und 1/2 l Wasser wie oben beschrieben einen Sirup kochen, auskühlen lassen. Blätter von 1 großen Bund Minze untermischen, 2 Tage im Kühlschrank ziehen lassen. Mit 1/2 l Doppelkorn (38 % vol.) verrühren, in ein großes Glas füllen, an einem warmen Ort mindestens 1 Woche ziehen lassen. Dann durch ein Sieb in die Flaschen füllen.

Holunder-blütensirup

Ausgesprochen aromatisch und erfrischend

Zutaten für 3 Flaschen (je etwa 1 l):
25 Holunderblütendolden (sie
   sollten gerade aufgeblüht sein)
2 kleine Bio-Zitronen
knapp 2 EL Zitronensäure
   (25 g, aus der Apotheke)
500 g Zucker

Zubereitungszeit: 20 Minuten
+ 4–5 Tage Ziehenlassen
Haltbarkeit: mindestens 1 Jahr
Kalorien pro Flasche: 675 kcal

1_Die Holunderblüten ganz vorsichtig abbrausen und auf einem Küchentuch abtropfen lassen. Alle dicken Stiele abschneiden und die Blüten in ein großes hitzebeständiges Glas oder eine große Schüssel legen.

2_Zitronen heiß waschen, abtrocknen, halbieren und den Saft auspressen. Saft und ausgepresste Zitronenhälften zu den Holunderblüten geben.

3_Die Zitronensäure mit dem Zucker verrühren und über die Holunderblüten streuen. Etwa 2 l Wasser zum Kochen bringen und zu den Blüten gießen. Das Glas oder die Schüssel mit einem Küchentuch abdecken und den Ansatz an einem kühlen Ort 4–5 Tage ziehen lassen.

4_Dann den Sirup durch ein feines Sieb in die gründlich gesäuberten Flaschen füllen, gut verschließen. Den Holunderblütensirup kühl lagern.

VARIANTE: Löwenzahnsirup

1 kg Löwenzahnblüten an einem sonnigen Tag ernten, damit sie schön geöffnet sind. Blüten in einem Sieb abbrausen und grob hacken. 1/2 Bio-Zitrone heiß waschen, in dicke Scheiben schneiden. Beides mit 1 l Wasser in einen Topf geben und kurz aufkochen, vom Herd nehmen und 1 Stunde ziehen lassen. Den Ansatz durch ein Sieb gießen, den Saft auffangen und mit 500 g Zucker mischen. Erneut aufkochen und 15 Minuten kochen lassen. Den Sirup in die Flaschen füllen.

VARIANTE: Rhabarbersirup

1 kg Rhabarber waschen, putzen und in dicke Scheiben schneiden. Mit 800 ml Wasser in einen Topf geben und zum Kochen bringen. Offen bei mittlerer Hitze 15 Minuten kochen lassen. Ein Sieb mit einem Küchentuch auslegen und in eine Schüssel hängen. Den Rhabarber hineingießen und abtropfen lassen. Dann das Tuch zusammendrehen und den Rhabarber ausdrücken, ablaufenden Saft auffangen. Rhabarbersaft mit 500 g Zucker und dem Saft von 1 Zitrone wieder in den Topf geben und 15 Minuten kochen lassen. Sirup in die Flaschen füllen.

VARIANTE: Holunder-beerensirup

1,2 kg schwarze Holunderbeeren verlesen und abbrausen, die Beeren von den Stielen abstreifen. Holunderbeeren mit 1/8 l trockenem Rotwein, 1 Stück Zimtstange (etwa 2 cm) und 500 g Zucker in einem Topf aufkochen und bei geringer Hitze etwa 30 Minuten köcheln lassen. Den Ansatz in ein Sieb gießen und die Beeren durchstreichen. Sirup wieder in den Topf geben, kurz aufkochen und in Flaschen füllen.

Basic-TIPP

Sirup lässt sich aus jedem Saft zubereiten, dieser wird allerdings je nach Fruchtart anders hergestellt. Saftige weiche Früchte wie Johannisbeeren oder Himbeeren brauchen pro Kilo Früchte nur etwa 300 ml Wasser. Zusammen 5 Minuten kochen lassen, dann sieben (das Sieb ist mit einem Küchentuch ausgelegt) und die Früchte im Tuch auspressen. Nicht ganz so saftige Früchte wie Äpfel, Birnen und Quitten benötigen pro Kilo Früchte etwa 1/2 l Wasser. Die Quitten müssen 45 Minuten kochen, die Äpfel und Birnen 10–15 Minuten. Den Saft dann mit 500 g Zucker kräftig aufkochen. Nach Belieben mit den Gewürzen wie oben beschrieben 4–5 Tage ziehen lassen oder gleich in Flaschen füllen.
Aus den Äpfeln und Birnen kann man außer Sirup auch einen Dicksaft herstellen. Dazu den Saft bei geringer Hitze ohne extra Zuckerzugabe so lange offen kochen lassen, bis er dickflüssig wie Honig ist.

Erdbeer-Hollerblüten-Konfitüre

Fängt die feinsten Frühlingsaromen ein

Zutaten für 6 Twist-off-Gläser
  (je etwa 200 ml):
1 kg Erdbeeren
500 g Gelierzucker »2:1«
1 Bio-Zitrone
10–15 Holunderblütendolden
  (je nach Größe, sie sollten gerade
  frisch aufgeblüht sein)

Zubereitungszeit: 35 Minuten
+ 2 Stunden Ziehenlassen
Haltbarkeit: mindestens 1 Jahr
Kalorien pro Glas: 385 kcal

1_Die Erdbeeren vorsichtig, aber gründlich waschen und trocken tupfen, Kelchblätter mit der Messerspitze herauslösen. Erdbeeren klein würfeln, mit dem Gelierzucker in einem großen Topf verrühren und mindestens 2 Stunden Saft ziehen lassen. Dabei ab und zu umrühren.

2_Dann die Zitrone heiß waschen und abtrocknen, die Hälfte der Schale fein abreiben. Die Zitrone so schälen, dass auch die weiße Haut mit entfernt wird. Das Zitronenfleisch zwischen den Trennhäuten herausschneiden und in kleine Würfel schneiden, dabei alle Kerne aussortieren. Holunderblüten abbrausen und gut trocken schütteln, die kleinen Blüten von den Stielen abzupfen.

3_Die Zitronenschale mit dem -fleisch und dem ausgelaufenen Saft zu den Erdbeeren geben. Erdbeeren unter Rühren zum Kochen bringen. Die Konfitüre bei mittlerer Hitze offen etwa 4 Minuten kochen lassen, dabei häufig umrühren. Den entstehenden Schaum mit dem Schaumlöffel dünn abschöpfen.

4_Gelierprobe machen: Topf vom Herd ziehen. 1 TL Konfitüre auf einen kühlen Teller geben. Wird sie rasch (höchstens 1 Minute) fest, ist die Konfitüre fertig. Wird sie nicht fest, 1–2 Minuten weiterkochen und die Probe wiederholen.

5_Holunderblüten unter die Konfitüre rühren, noch einmal aufkochen und die Konfitüre sofort in die gründlich gesäuberten Gläser füllen. Gut verschließen und die Gläser einige Minuten auf den Kopf stellen. Dann wieder umdrehen und die Konfitüre auskühlen lassen. An einem kühlen Ort aufbewahren.

VARIANTE: Erdbeer-Rhabarber-Konfitüre

Je gut 500 g Erdbeeren und Rhabarber (geputzt gewogen soll es zusammen 1 kg ergeben) waschen. Erdbeeren entkelchen und klein würfeln, Rhabarber putzen und in dünne Scheiben schneiden. Mit 500 g Gelierzucker »2 : 1« in einem Topf mischen und etwa 2 Stunden Saft ziehen lassen. Dann 1 EL frisch gepressten Zitronensaft dazugeben und die Früchte zum Kochen bringen. Offen 4 Minuten leicht sprudelnd kochen lassen. Die Gelierprobe machen und die fertige Konfitüre kochendheiß in die Gläser füllen. Gleich verschließen.

Himbeerkonfitüre

Nicht gekocht, sondern roh gerührt und darum besonders beerig

Zutaten für 2 Twist-off-Gläser (je etwa 1/4 l):
250 g Himbeeren
250 g Gelierzucker »1 : 1«
1 EL frisch gepresster Zitronensaft

Zubereitungszeit: 5 Minuten
+ 15 Minuten Mixen
+ 2 Stunden Ziehenlassen
Haltbarkeit: etwa 2 Wochen
Kalorien pro Glas: 535 kcal

1_Die Himbeeren nur verlesen, also alle faulen und verwelkten Beeren aussortieren, nicht waschen. Die Beeren mit Gelierzucker in einer Schüssel mischen, mit einer Gabel nur leicht zerdrücken und mindestens 2 Stunden Saft ziehen lassen.

2_Dann die Himbeeren mit dem Zitronensaft verrühren und in einen Mixer oder in die Küchenmaschine geben. Die Beeren etwa 15 Minuten kräftig durchmixen, bis die Masse dickflüssig wird.

3_Die Himbeerkonfitüre in die gründlich gesäuberten Gläser füllen und gut verschließen. Im Kühlschrank aufbewahren.

VARIANTE: Himbeerkonfitüre mit wenig Zucker

Mit ein wenig Johannisbrotmehl aus dem Naturkostladen wird die roh gerührte Konfitüre auch mit weniger Zucker fest. Dafür 250 g Himbeeren zerdrücken, mit 100 g ganz feinem Zucker, 1/2 TL Johannisbrotmehl und 1 TL frisch gepresstem Zitronensaft mit dem Pürierstab fein durchmixen. In Gläser füllen und kalt aufbewahren.

Zitrus-Dattel-Marmelade

Versüßt die Winterzeit

Zutaten für 8 Twist-off-Gläser
(je etwa 200 ml):
6 Zitronen (etwa 800 g)
4 Bio-Blutorangen (etwa 900 g)
6 Datteln (etwa 120 g)
50 ml Limoncello oder Orangenlikör
etwa 500 g Gelierzucker »2 : 1«

Zubereitungszeit: 35 Minuten
+ 1 Stunde Ziehenlassen
Haltbarkeit: mindestens 1 Jahr
Kalorien pro Glas: 345 kcal

1_Von 2 Zitronen und 1 Blutorange den
Saft auspressen. 1 Orange heiß waschen
und abtrocknen, die Hälfte der Schale
dünn abschälen und in feine Streifen
schneiden. Dann von dieser Orange und
allen übrigen Zitrusfrüchten die Schalen
so abschneiden, dass auch die weiße
Haut mit entfernt wird. Das Fruchtfleisch
klein würfeln, dabei alle Kerne herauslösen. Datteln aufschneiden, entkernen
und in feine Streifen schneiden.

2_Den Zitrussaft und Limoncello oder
Orangenlikör abmessen (etwa 200 ml),
Fruchtfleisch und Datteln wiegen (etwa
800 g). Die Hälfte des Gesamtgewichts
(von Saftmischung, Orangen und Datteln)
an Gelierzucker abmessen und mit Saftmischung und Fruchtfleisch in einem Topf
verrühren. Die Mischung etwa 1 Stunde
Saft ziehen lassen.

3_Dann die Orangenschale dazugeben
und die Mischung zum Kochen bringen.
Unter Rühren etwa 4 Minuten kochen
lassen. Die Gelierprobe machen: Topf
vom Herd ziehen. 1 TL Marmelade auf
einen kühlen Teller geben. Wird sie
rasch (höchstens 1 Minute) fest, ist die
Marmelade fertig. Wird sie nicht fest,
1–2 Minuten weiterkochen und die
Probe wiederholen.

4_Die Datteln untermischen und die
Marmelade noch einmal aufkochen. Die
Marmelade sofort in die gründlich gesäuberten Gläser füllen. Gut verschließen
und die Gläser einige Minuten auf den
Kopf stellen. Dann wieder umdrehen und
die Marmelade auskühlen lassen. An
einem kühlen Ort aufbewahren.

Apfelgelee mit Minze

Fruchtiger Aufstrich mit feiner Kräuterfrische

Zutaten für 5 Twist-off-Gläser
(je etwa 1/4 l):
2 kg säuerliche Äpfel (z. B. Boskop)
1/2 Bio-Zitrone
500 g Gelierzucker »2 : 1«
4 Stängel Minze

Zubereitungszeit: 40 Minuten
+ 12 Stunden Abtropfen
Haltbarkeit: mindestens 1 Jahr
Kalorien pro Glas: 525 kcal

1_Äpfel warm waschen, trocken reiben
und achteln. Mit 1 l Wasser in einen Topf
geben und zum Kochen bringen. Die Äpfel
offen bei mittlerer Hitze etwa 15 Minuten
kochen lassen, bis sie weich sind.

2_Ein großes Sieb mit einem Küchentuch
auslegen und in eine Schüssel hängen.
Die Äpfel ins Sieb schütten und darin über
Nacht abtropfen lassen. Am nächsten Tag
das Tuch zusammendrehen und noch ein
wenig Saft auspressen. Aber nicht zu fest
drehen, sonst wird das Gelee trübe.

3_Zitrone heiß waschen und abtrocknen, 1 Stück Schale (etwa 2 cm) dünn abschälen und in sehr feine Streifen schneiden. Den Saft der Zitrone auspressen.

4_Den Apfel- und Zitronensaft abmessen (zusammen soll es 1,1 l ergeben), mit dem Gelierzucker in einem Topf mischen und zum Kochen bringen. Die Zitronenschale unterrühren. Den Saft bei mittlerer Hitze etwa 4 Minuten kochen lassen, dabei ab und zu umrühren.

5_Inzwischen die Minze abbrausen und trocken schütteln, die Blättchen abzupfen und in feine Streifen schneiden.

6_Gelierprobe machen: Topf vom Herd ziehen. 1 TL Gelee auf einen kühlen Teller geben. Wird es rasch (höchstens 1 Minute) fest, ist das Gelee fertig. Wird es nicht fest, 1–2 Minuten weiterkochen und die Probe wiederholen.

7_Die Minze unter das Gelee mischen und das Gelee sofort in die gründlich gesäuberten Gläser füllen. Gut verschließen und die Gläser einige Minuten auf den Kopf stellen. Dann wieder umdrehen und das Gelee auskühlen lassen. An einem kühlen Ort aufbewahren.

Zwetschgen-mus

Kommt mit wenig Zucker aus, braucht dafür aber ein bisschen Zeit

Zutaten für 6 Twist-off-Gläser
  (je etwa 1/4 l):
2 kg Zwetschgen
1 Zimtstange
300 g Zucker
4 EL Zwetschgenwasser
  (wer mag)

Zubereitungszeit: 40 Minuten
+ 2 1/2 Stunden Kochen
Haltbarkeit: mindestens 6 Monate
Kalorien pro Glas: 345 kcal

1_Die Zwetschgen waschen, halbieren und entsteinen. Die Zwetschgen in einen weiten Topf füllen. Die Zimtstange halbieren und mit dem Zucker dazugeben. Die Zwetschgen erhitzen und zugedeckt bei geringer Hitze etwa 2 Stunden köcheln lassen, bis sie sehr weich sind. Dabei ab und zu umrühren und kontrollieren, dass nichts anbrennt.

2_Die Zwetschgen dann durch ein Sieb streichen, um Schalenreste zu entfernen. Das Püree und die Zimtstücke (aus dem Sieb fischen) wieder in den Topf geben, eventuell mit dem Zwetschgenwasser aromatisieren und offen bei mittlerer bis starker Hitze nochmals etwa 30 Minuten kochen lassen, bis ein Mus entstanden ist. Dabei unbedingt häufig umrühren, damit nichts anbrennt.

3_Zimtstücke entfernen und Zwetschgenmus sofort in die gründlich gesäuberten Gläser füllen. Gut verschließen und die Gläser einige Minuten auf den Kopf stellen. Dann wieder umdrehen und das Mus auskühlen lassen. An einem kühlen Ort lagern.

TIPPs

Wegen der langen Kochzeit wird bei der Zwetschgenmuszubereitung für die Konservierung recht wenig Zucker benötigt. Manche mögen es aber gerne richtig süß. In diesem Fall kann man problemlos noch mehr Zucker unters fertige Mus rühren. Auch fein: Mus mit etwas Zimtpulver, gemahlenen Nelken und vielleicht sogar 1 Prise Chili abschmecken.

Register von A – Z

Impressum

Das Basic-Autorenteam

Cornelia Schinharl: Kochbuchautorin seit vielen Jahren – und ebenso lange mit ihren wunderbaren Rezepten in den GU-Büchern vertreten. Die Basic-cooking-Reihe verfasst sie gemeinsam mit Sebastian Dickhaut. cornelia.schinharl@t-online.de

Sebastian Dickhaut ist Autor, Koch und Gastgeber mit einem Faible für das Grundsätzliche. Zusammen mit Cornelia Schinharl schreibt er immer wieder zu neuen Basic-Themen. In sein Kochbüro HUKODI in München lädt er gerne Menschen zum Kochen, Essen und Wundern ein. Leben tut er auf dem Land – und mag da besonders die Küche zwischen Alpen und Puszta. www.sebastian-dickhaut.de

Die Country-Basics-Models:

Monika Bachmeier, Melanie Haizmann, Annette Hartwig, Manuela Hauer, Tobias Notz und Max Heilmayr sind zwar keine Landeier, aber trotzdem wie fürs Land gemacht. Am Ende konnten sie sich kaum von Feldern, Apfelbäumen, Kühen und dem Landaroma losreißen.

Sigrid Burghard	Projektleitung & Bildredaktion
Monika Bachmeier	Redaktionsassistenz
engels + partner, Thomas Jankovic	Gestaltung & Layout, Cover, alle Illus
Redaktionsbüro Christina Kempe	Lektorat, Satz/DTP, Gestaltung
Barbara Bonisolli	Foodfotografie
Hans Gerlach	Foodstyling
Maja Müller-Holve	Assistenz Foodstyling
Anja Prestel	Fotoassistenz & Bildbearbeitung
Alexander Walter	Food- & Peoplefotografie
Sven Dittmann	Food & Styling
Maria Gilg	Food, Styling & Requisite
Susanne Mühldorfer	Herstellung
Petra Bachmann	Schlusskorrektur
Repro	Repro Ludwig
Druck und Bindung	Druckhaus Kaufmann

Ein Dankeschön an

... Familie Demmel, auf deren Erdbeerfeld wir nicht nur pflücken, sondern uns auch sattessen durften. Und das bei einem idyllischen Bergblick mit weiß-blauem Himmel. www.erdbeeren-demmel.de

... Familie Neuner von der **Hofkäserei Stroblberg** hat nicht nur wunderbaren Käse, sondern auch eine riesige Wiese mit herrlichen Apfelbäumen. Hier ernteten und probierten die Models die aromatischen Äpfel. www.stroblberg.de

... Claudia Brauch. Denn in ihrem Garten wurden die knallroten Tomaten gepflückt – unser Lieblingsgemüse im Sommer.

Bildnachweis:

Cover-Radieschen: Alexander Walter

Alexander Walter: alle Stills und People-fotos mit den Basics-Models. Und außerdem die Foodfotos auf den Seiten 14–17, 32–35, 40–43, 58–61, 66–69, 86–87, 92–95 und 108–113.

Barbara Bonisolli: alle anderen Foodfotos

Thomas Jankovic (engels + partner): Illustrationen auf den Seiten 12, 38, 64, 90

Syndication: www.jalag-syndication.de

© 2013 GRÄFE UND UNZER VERLAG GmbH, München.

Alle Rechte vorbehalten. Nachdruck, auch auszugsweise, sowie Verbreitung durch Film, Funk, Fernsehen und Internet, durch fotomechanische Wiedergabe, Tonträger und Datenverarbeitungssysteme jeglicher Art nur mit schriftlicher Genehmigung des Verlages.

Umwelthinweis: Dieses Buch ist auf PEFC-zertifiziertem Papier aus nachhaltiger Waldwirtschaft gedruckt.

ISBN 978-3-8338-2899-7

1. Auflage 2013

www.facebook.com/gu.verlag

Unsere Garantie

Alle Informationen in diesem Ratgeber sind sorgfältig und gewissenhaft geprüft. Sollte dennoch einmal ein Fehler enthalten sein, schicken Sie uns das Buch mit dem entsprechenden Hinweis an unseren Leserservice zurück. Wir tauschen Ihnen den GU-Ratgeber gegen einen anderen zum gleichen oder ähnlichen Thema um.

Liebe Leserin, lieber Leser,

wir freuen uns, dass Sie sich für ein GU-Buch entschieden haben. Mit Ihrem Kauf setzen Sie auf die Qualität, Kompetenz und Aktualität unserer Ratgeber. Dafür sagen wir Danke! Wir wollen als führender Ratgeberverlag noch besser werden. Daher ist uns Ihre Meinung wichtig. Bitte senden Sie uns Ihre Anregungen, Ihre Kritik oder Ihr Lob zu unseren Büchern. Haben Sie Fragen oder benötigen Sie weiteren Rat zum Thema? Wir freuen uns auf Ihre Nachricht!

Wir sind für Sie da!
Montag–Donnerstag:
8.00–18.00 Uhr;
Freitag: 8.00–16.00 Uhr
Tel.: 08 00/7 23 73 33
Fax: 08 00/5 01 20 54
(kostenlose Servicenummern)
E-Mail: leserservice@graefe-und-unzer.de

P.S.: Wollen Sie noch mehr Aktuelles von GU wissen, dann abonnieren Sie doch unseren kostenlosen GU-Online-Newsletter und/oder unsere kosten losen Kundenmagazine.

GRÄFE UND UNZER VERLAG
Leserservice
Postfach 86 03 13
81630 München

Ein Unternehmen der
GANSKE VERLAGSGRUPPE

Der **Country-Basics-Kalender**
zum Genießen

Alles, was im Lauf der Jahreszeiten am besten ist.

Frühling

Gemüse
Junge Artischocken, junge Erbsen, Frühlingszwiebeln, neue Kartoffeln, Kohlrabi, Kopfsalat, junger Löwenzahn, junge Möhren, Mairüben, Radieschen, junger Rhabarber, Spargel, junger Spinat, Zuckerschoten

Obst
Erdbeeren

Fleisch & Fisch
Junges Geflügel, Geräuchertes wie z.B. Osterschinken, Kalb- und Lammfleisch; Flusskrebse, Maischolle, Matjeshering

Und sonst
Salatkräuter wie Borretsch, Dill, Kerbel, Kresse aller Art, Petersilie, Sauerampfer, Schnittlauch, aber auch Bärlauch; erste Eier von Freiland-Hühnern und erste Milchprodukte von Weidekühen (Maisahne, Maibutter)

Sommer

Gemüse
Auberginen, Blumenkohl, Bohnen (auch frische Kerne), Brokkoli, Eisbergsalat, Erbsen, Garten-, Schmor- und Einmachgurken, Mais, Mangold, Paprikaschoten, Pfifferlinge, Sommerspinat, Spitzkohl, Tomaten, Zucchini

Obst
Aprikosen, Beeren (Brombeeren, Erdbeeren, Heidelbeeren, Himbeeren, Johannisbeeren, Stachelbeeren), Feigen, Kirschen, Melonen, Mirabellen, Nektarinen, Pfirsiche, Pflaumen, Reneklöden

Fleisch & Fisch
Geflügel, Grillfleisch, Kalb- und Rehfleisch; heimische Süßwasserfische

Und sonst
Basilikum, Bohnenkraut, Koriander, Majoran, Melisse, Minze, Oregano, Petersilie, Rosmarin, Salbei, Thymian

Herbst

Gemüse
Große Artischocken, Fenchel, Kartoffeln, Kohl (rot und weiß), Kohlrabi, Kürbisse (Butternut-, Hokkaido-, Muskat- und Spaghettikürbis), Lauch, Navetten, Pastinaken, Petersilienwurzeln, Rüben (Mai-, Mohr- und Steckrüben, Teltower Rübchen), Gelbe und Rote Beten, Salate (z.B. Chicorée, Endiviensalat, Feldsalat, Frisée, Radicchio), Sellerie, Waldpilze, Wirsing, Zwiebeln

Obst & Nüsse
Äpfel, Birnen, Maronen, Quitten, frische Walnüsse, Weintrauben, Zwetschgen

Fleisch & Fisch
Enten, Fasane, (junge) Gänse und Wachteln; Hase, Hirsch-, Reh- und Wildschweinfleisch; Rindfleisch von Weidetieren; Garnelen, Karpfen, Lachs, Muscheln

Winter

Gemüse
Frisch vom Feld: Lauch, Winterrettich, Schwarzwurzeln, nach dem erstem Frost Grün- und Rosenkohl; außerdem als Lagerware Kohl, Kartoffeln (vor allem mehlige) sowie die meisten Wurzeln und Rüben; aus dem Gewächshaus kommen jetzt die herben Wintersalate (z.B. Feldsalat, Endiviensalat, Frisée)

Obst & Nüsse
Äpfel, Clementinen, Grapefruits, Limetten, Mandarinen, Maronen, Orangen, Satsumas, Zitronen; getrocknete Nüsse und Früchte

Fleisch & Fisch
Gänse, Truthahn, Wild und Wildgeflügel; Edles von Kalb und Rind für die Festtage, frisches Schlachtfleisch vom Schwein; Austern, Hecht, Karpfen, Krustentiere